妖怪学新考

妖怪からみる日本人の心

小松和彦

目次

妖怪学新考

妖怪学新考

妖怪からみる日本人の心

はじめに——新しい妖怪学のために

「人間文化の進歩の道程に於て発明され創作された色々の作品の中でも『化物』などは最も優れた傑作と云はなければなるまい」（寺田寅彦[1]）

妖怪学とはなにか

人間は想像する。その想像力はまた、さまざまな文化を創りだす創造力でもある。そしていま私たちはその創造力が作りだした膨大な種類の文化を所有しているわけであるが、そのなかでもっとも興味深いものの一つが「妖怪」と称されているものであろう。この「妖怪」を研究する学問が、ここでいう「妖怪学」である。

しかしながら、現在まで、「妖怪学」という学問はまともな形で存在していなかった。すなわち、学問の範囲や目的、研究方法、いずれの面でもまともな論議がなされてこなかったのである。たしかに「妖怪学」という名称は早くも明治の後半に現れており、妖怪を研究する学者も何人かはいたのだが、その研究目的は研究者によって異なり、したがって、妖怪を研究する人たちを「妖怪学」の名のもとに結集させる学会や研究機関を作りだすまでには至らなかったのであった。

学問としての「妖怪学」の整備の遅れの理由は、研究者の不足もあったが、「妖怪」が近代の科学において撲滅すべき「迷信」とされたことが大きかったように思われる。妖怪は近代人には必要ないものであり、妖怪研究はその妖怪撲滅・否定のための学問か、あるいは滅びゆく「迷信」を記録する学問で、近代における人間の生活にあまり積極的な意義を見いだせない研究とみなされたのである。

近代の科学、物質文明の発達・浸透は現実世界から妖怪を撲滅してきた。しかし、現代においても妖怪たちは滅びていない。活動の場を、都市の、それも主としてうわさ話やフィクションの世界に移して生き続けている。その意味で、現代人も妖怪を必要としているのである。このことは、妖怪が「迷信」としてかたづけてしまうわけにはいかない、つまり人間にとってとても重要な存在なのだということを物語っている。それは人間の精神生活の根源にかかわる事柄と関係しているらしいのだ。それが何なのか。それを明らかにするための学問として、新しい「妖怪学」は整備される必要があるといえる。

　この新しい妖怪学は、やみくもに妖怪信仰を撲滅するわけでもなければ、妖怪信仰を保存しようというわけでもなく、妖怪文化の考察を通じて、人間の精神の歴史や心のあり方を探る学問として構築されるべきである。もっとも、この試みはまだ十分な成果を収めているわけではない。むしろ、これから本格的研究が開始されるというべきであろう。その意味で私は、本書をあえて『妖怪学新考』と名づけてみたのである。

　それでは、私が考える「妖怪学」の輪郭とはどのようなものであろうか。簡単に以下で説明しておこう。新しい妖怪学は、人間が想像（創造）した妖怪、つまり文化現象としての妖怪を研究する学問である。妖怪存在は、動物や植物、鉱物のように、人間との関係を考えずにその形や属性を観察することができるものではなく、つねに人間との関係のなかで、人間の想像世界のなかで、生きているものである。したがって、妖怪を研究するということは、妖怪を生み出した人間を研究するということにほかならない。要するに、妖怪学は「妖怪文化学」であり、妖怪を通じて人間の理解を深める「人間学」なのである。

　妖怪学はいろいろな問題を設定する。なぜ人々は妖怪を想像するのか、そのような妖怪のイメージはどのように形成されたのか、どのような種類の妖怪（妖怪種目）があるか、あるいはそうした妖怪を創造することの利点や欠点はどこにあるのか、日本の妖怪文化と諸外国の妖怪文化との違いはどこか、現代の科学ではかつての人々が妖怪現象とみなしたことをどのように説明できるか、等々。

この「妖怪学」の研究領域は大きく二つのレベルに分けられる。一つは現実世界において妖怪現象、妖怪存在を信じている人々の語る妖怪に関する研究であり、もう一つは文学や芸能、絵画などに物語られ、演じられ、描かれる、フィクションとしての妖怪についての研究である。だが、やっかいなのは、この二つの領域は互いに影響関係にあり、現実世界で語られている妖怪をめぐる話の多くが、こうした研究領域つまりフィクションとノンフィクションの境界から立ち現れていることであろう。

現実世界における妖怪を信じている人々の研究では、まずどのような妖怪が信じられているかや、その姿かたちや出没する場所、性格などを知るために、多くの妖怪体験談を採集する必要がある。そしてその分析から、それを信じている個人の心のなかにある恐怖心や不安、あるいは社会が抱えもっている恐怖心や不安およびそれとの葛藤・戦いなどを浮かび上がらせることも可能となってくるであろう。これはいわば「妖怪の民俗誌」や「妖怪の心理学」「妖怪の社会学」である。

古代から現代に至るまで妖怪の存在を信じる人々がいた。したがって、妖怪研究者はそれぞれの時代について、史料さえあれば、これと同様の研究を試みることができ、さらに妖怪の盛衰史つまり「妖怪の歴史学」を描き出すこともできるであろう。そしてこのレベルの研究のなかには、怪異・妖怪現象とみなされるものを科学的に解き明かす自然科学的な研究も含まれている。

ところで、右の妖怪研究が現実世界の妖怪信仰の研究であるとすると、その一方にそうした妖怪信仰の影響を受けて作られた、妖怪の登場する物語や儀礼、芸能、絵画などの研究が想定される。これらの作品は実際にあったことを忠実に記録したというスタイルをとった作り話から明らかな作り話までさまざまであるが、いちおう現実世界で語られる妖怪とは異なるレベルに属するものと考える必要がある。そこに描かれた妖怪が現実の世界において人々に実在すると信じられていたとは限らないからである。この領域の研究は「妖怪の文学史」「妖怪の芸能史」「妖怪の絵画史」「妖怪の口承文芸史」ということになるだろう。さらにこの研究をもとにして、こうした作品がたくさん作られた社会的背景を探る「妖怪の歴史社会学」も生まれてくるはずである。

要するに、私が考えている「妖怪学」は、「妖怪」に関する研究を可能なかぎり網羅するような形で構想されている。したがって、いうまでもなく一人の妖怪研究者がすべての分野にかかわる必要はない。人文科学、社会科学、そして自然科学の諸分野に属する妖怪研究者が、それぞれの立場から妖怪を研究すればいいわけであるが、その成果を共有し総合していくための場として「妖怪学」の必要を提唱しているのである。

妖怪学の三つの潮流

右に述べたように、広い意味で「妖怪学」を設定してみたが、その場合、この妖怪学には、妖怪研究の目的の異なる研究者がたくさん集まることになる。したがって、このような「妖怪学」の学会が設立され全国の妖怪研究者が結集したとき、初めて、その内容が明らかになるであろう。当然のことながら、そこに集まった妖怪研究者が考えるこれまでの「妖怪学」の歴史も、研究分野や研究対象、研究目的の違いによって、かなり異なっているはずである。以下では、参考のために、私が振り返ってみた「妖怪学」の歴史を簡単に述べておこう。

私自身の妖怪研究は、「妖怪の民俗学」「妖怪の社会学」「妖怪の口承文芸学」「妖怪の宗教学」といった分野に属している。そうした分野からみると、妖怪学の流れとして、次の三つが目立っている。

その一つの研究の流れが、妖怪現象や妖怪存在を信じる人々に対して、科学的知識を動員してそれを否定していく研究である。簡単にいえば、妖怪を「迷信」としてとらえ、それを科学で撲滅し、人々を迷信から解放しようという目的での「妖怪学」である。「タヌキ囃《ばや》し」と信じられていたのは、タヌキの仕業ではなく、遠くの祭り囃しが風の関係で近くで聞こえるように感じられたものだったとか、夜道で出会った大《おお》入道《にゅうどう》は、月影が作った大木の影を見誤ったものだ、といった具合に合理的に解き明かし、妖怪を信じる人々のそれまでのコスモロジー、つまり世界の認識の体系を破壊し、近代の科学的・合理的なコスモロジーを身につけさせようとするわけである。日本で最初に「妖怪学」という学問を提唱した井上円了《えんりょう》の妖怪学は、このような意味での妖怪学であった[2]。したがって、この種の妖怪学者は、この世から妖怪を信じる者が一人もいなくなるまで妖怪退治を続けることになる。この研究を支えているのは、妖怪がいなくなることが人間の幸福な生活だとする信念である。井上は明治中期から大正にかけて精力的に妖怪現象を調査し、その撲滅を続けた。

井上のような妖怪を迷信とみなして撲滅する「妖怪学」と並行して、同じような妖怪撲滅・否定を行なっていたのが、黎明《れいめい》期の近代医学であった。人間は自然との関係や人間関係のなかで生活しており、そのなかから生じるさまざまな不安や恐怖、精神的あるいは肉体的疲れから、「妖怪」を生み出し呼び招くことがある。たとえば、幻覚や幻聴、妄想現象などのなかの「妖怪」がそれである。そして不安が高じると社会生活を送っていくことが困難な状態つまり病気になることもあった。社会学的あるいは心理学的には妖怪は存在し体験されていたのである。

それはたとえば「キツネ憑《つ》き」のような現象であった。これを近代医学は「精神病」（当初は祈禱性精神病などと称された）と診断した。近代医学はキツネの霊の関与を否定し、さまざまな抑圧や不安によって妄想・精神の錯乱《さくらん》が生じたものと判断した。この場合の大きな問題は、病気がキツネの仕業ではなく、妄想だ、精神の病だ、と説明したところで、つまりキツネの妖怪を否定したところで、病気は治らないことである。社会や個人の生活のなかから、不安や怖れ、疲労などを取り除かなければ、妖怪を撲滅したところで病気は治らないのである。極言すれば、この場合のキツネは、社会や心のなかに生じている不安や抑圧、社会関係の歪《ゆが》みの象徴的表現であり、このキツネが否定されれば、別の象徴がその位置に立ち現れてくることになる。伝統的コスモロジーによって説明し、ときには治療さえすることのできた心の病気を、それまでの伝統的コスモロジーを否定しつつ、西洋医学によって治療をしなければならなかった日本の近代精神医学は、患者の社会からの隔離という「治療」方法を選ばざるをえなかったのは周知のことであろう。この分野での妖怪研究は、妖怪の撲滅の流れに身を置きながらも、井上円了ほど楽天的ではなかった。治療のための患者の心の診断、患者が属している家族やその他の社会現象・関係の診断が必要になってきていたのである。(3)

その一方では、妖怪を迷信とみなして撲滅すべきだといった具体的対応はとりあえず脇に置き、日常生活を送っている人間が信じている妖怪とその社会的背景を調査し、その機能や信仰生活、コスモロジーを探っていくことを目的とした社会学的「妖怪学」や、妖怪伝承を採集し、その分布から妖怪信仰の変遷の過程を復元する民俗学的「妖怪学」も存在していた。

この系統の妖怪学は、人間の生活から、妖怪発生の温床ともいえる不思議だと思うことや不安をかきたてることを除くことができるのだろうか、人間は妖怪を完全に否定して生きられるのだろうか、と自問しつつ、その答えを求めて妖怪信仰の実態を多角的に解明しようとする。そこでは、妖怪が即「迷信」であり、撲滅すべきものとはみなされない。そういう側面が今日では与えられているが、人間が精神生活・社会生活を営んでいくうえで重要な役割を果たしているという側面もあることを認めようとする。さらにそれがその時代の社会の様子を描き出すきわめて有効な手段として利用されていたこともあることを見いだす。たとえば、幕末の安政《あんせい》の江戸大地震（一八五五）のさいに、今日「鯰絵《なまずえ》」と呼ばれる刷り絵のたぐいが大量に江戸市中に出回った。大地の奥深くにいる大鯰が地震を引き起こすのだという当時の民間信仰（今日では「迷信」とされる）に基づくもので、人々はその絵を地震除《よ》けの護符《ごふ》（安心の獲得）にしたり、その絵に社会の矛盾が描かれているのを読み取ったり、来たるべき新しい世のなかの到来を予感したりしていたのである。こうした欲求は地震鯰の信仰を否定しても、欲求それ自体を否定したわけではないので、新しい状況に対応する形で別の象徴物が発現してくるといっていいだろう[4]。

こうした「妖怪学」を構想していたのが、民俗学者の柳田《やなぎた》国男だった。そして、その柳田国男の「妖怪学」の延長上に、その後の必ずしも多いとはいえない妖怪研究が展開されてきたようである。そして、私の研究もこの流れのなかに位置づけられるべきものだと考えている。

柳田国男の妖怪学

右に述べたように、柳田国男は、井上円了の「妖怪学」に対抗するかのように、それとは異なる妖怪研究を提唱した。しかし、柳田の妖怪研究への関心は、井上の研究に対する反発だけではなかった。彼が妖怪研究に向かうことになった直接のきっかけは、風俗史家の江馬務《えまつとむ》の『日本妖怪変化史』[5]が刊行されたことによっているように思われる。江馬の著作は小さなものであったが、日本の説話や絵巻、図絵などに描かれた妖怪を歴史的にたどりながら、その分類や属性を解明しようとした最初の試みであった。実際、この本が刊行されたあとあたりから、柳田は妖怪研究に精力的に取り組んでいる。井上や江馬の仕事に刺激され、そしてそれに不満を感じて、民俗学からの妖怪研究の必要性を感じ取ったのであろう。

柳田はしばしば井上と同じように「妖怪学」という呼称を用いている。しかし彼はそれを独立した学問とは考えず、民俗学の一分野として位置づけた。というのは、彼が発見し学問の対象にした「民俗社会」（彼ははじめは「民俗」という用語を用いるのを嫌い、「郷土」とか「民間伝承」といった言葉でそれを表現しようとしていたが）それ自体が、近代化によって否定されようとしていた社会であった。そしてその社会は妖怪を信じその伝承を豊富にもっていたのである。したがって、柳田は妖怪研究をする必要を痛感していたのだ。もっとも柳田の民俗学において妖怪研究はあまり強調されているとはいえない。主な仕事としては、「妖怪談義」[6]以外には「幽霊思想の変遷」(7)「狸とデモノロジー」(8)などがあるにすぎないのだが、「巫女考《みここう》」(9)「一目小僧その他」(10)を初めとして多くの民間信仰・伝説・昔話などについての著作が妖怪にも関係する研究であって、見方によっては柳田の民俗学は妖怪研究と密接な関係をもった内容になっているといっていいだろう。

柳田国男は、妖怪研究において主として次の三点を強調した。その第一は、全国各地の妖怪種目(種類)を採集し、その分布を知る。第二は、妖怪と幽霊の区別をする。第三は、妖怪の発生を神の信仰の衰退とみなすことで妖怪を説明する。このうちの第一点は、妖怪研究の基礎作業で今日でも重要なこととされているが、第二点と第三点は、その後の研究によって、いろいろと異論が出てきた。

柳田は、妖怪と幽霊を次のように区別する。妖怪(お化け)は出現する場所が決まっているが、幽霊はどこにでも現れる。妖怪は相手を選ばないが、幽霊の現れる相手は決まっている。妖怪の出現する時刻は宵と暁の薄明かりの「かわたれどき」(たそがれどき)であるのに対し、幽霊は夜中の「丑満《うしみ》つ時《どき》」(丑三つ、まよなか)である。この分類はその後の妖怪・幽霊研究の指標となった。

しかし、この分類は妖怪と幽霊の違いを考えるときの目安になるが、具体的に事例を検討するとこれにあてはまらない例が多いことに気づく。たとえば、いわゆる「お化け屋敷」に出現する「妖怪」をみてみると、寛延《かんえん》二年（一七四九）の出来事を記したとされている『稲生物怪録《いのうもののけろく》』(11)に描かれているように、毎晩のように、次々にさまざまな「妖怪」たちが出現してくる。この「妖怪」は「恨《うら》めしや」と出てくる幽霊ではない。これによっても、妖怪の出没時刻が「かわたれどき」に限られないことがわかる。また、同じ「お化け屋敷」でも、かつての所有者などの幽霊がたんにその家を借りて住んでいるだけの、縁もゆかりもない人の前に現れることがある。この場合は、幽霊にも出現する場所が決まっているものがあり、しかも相手を選ばないわけである。

柳田の研究を発展させようとした研究者も妖怪と幽霊を区別しようとしているが、柳田の分類にあてはまらない事例が多いのに苦しんでいる。たとえば、池田弥三郎は『日本の幽霊』(12)のなかで、多くの例外のあることを認めつつ、妖怪・幽霊のたぐいを、特定の場所に出る妖怪、人を目指す幽霊、家に憑く怨霊《おんりょう》、の三つのカテゴリーに分けており、諏訪春雄はさらに慎重に「もともと人間であったものが死んだのち人の属性をそなえて出現するものを幽霊、人以外のもの、または人が、人以外の形をとって現われるものを妖怪というように考えておく(13)」としている。

「幽霊」については諏訪の定義が現在においてもっとも妥当だと思われる。しかし、

「幽霊」を除いた、その他の「信仰性を失って人間に悪意を持つようになったカミ」を「妖怪」とするについては、私自身は異なった考え方をもっている。というのは、「幽霊」と「妖怪」を分離・対立させて定義したとき、その上位概念つまり「幽霊」と「妖怪」の双方を包み込んだカテゴリーを指示する名称が見つからないからである。たしかに、「お化け」という語はばけるもの、つまり「化け物」を畏怖《いふ》するところから生まれた語であるが、しかし、実際には「お化け」といいつつ「幽霊」を意味していたりすることが多い。そうしたことをふまえ、私は「妖怪」を「幽霊」と同じ次元の異なるカテゴリーと考えるのではなく、その両者を包み込んだもう一つ上位の概念として規定しようとしているのである。この次元での「妖怪」（祭祀されていないカミ）に対置される概念ないしカテゴリーは、「神」（祭祀されているカミ）と「生きている人間」である。「幽霊」とはこうしたレベルの「妖怪」の下位概念といえるのである。とすると、「幽霊」の上位概念として「妖怪」という用語を使うとすれば、「幽霊」に対置される「妖怪」をどのように表現すべきかという問題が生じてくる。私は「ばける」という特徴に注目し「化け物」とするのがいいのではないかと考えているが、いかがなものだろうか。あるいは諏訪の説を採って、上位概念の「妖怪」のほうを別の用語にするのもよいであろう。これについては、本書のなかで、もう少しくわしく議論している。

柳田の妖怪論の第三の特徴として挙げた、妖怪の発生を神の信仰の衰退とみなすことで妖怪を説明できる、という仮説についても問題が多い。この点も本書のなかで検討していることであるが、ここでも多少論じておこう。

柳田は日本人の信仰の歴史をふまえつつ、神の零落＝妖怪への人間の対応の変化を「カッパ」を例にしながら四つの段階に区分する。第一段階は人間がひたすら神を信じ、神が現れれば逃げ出すという段階で、カッパ（水の神）が人間の前に出現して相撲《すもう》をとろう、といっても逃げ出すことになる。その結果、出現場所はカッパの支配地となる。第二段階は神への信仰が半信半疑となる時代で、カッパを水の神として信仰する気持ちがまだある一方で、その力を疑う気持ちが生じてきたというわけである。この時期がカッパが神から妖怪へと変化する過渡期ということになる。第三段階はカッパを神として信じなくなり、知恵者や力持ちがカッパと対決し、これを退治してしまう時代である。カッパが完全な妖怪になってしまったわけで、これが現代（大正から昭和初期の時代）だという。そして第四段階として、愚鈍な者がカッパにばかされる程度になり、やがて話題にもされない時代がくる、と予想している。その時代が私たちの現代ということになるだろう。

この仮説のいちばんの問題点は、日本の信仰全体の歴史を繁栄から衰退へと変化しているということ、個々の妖怪の歴史もやはり繁栄から衰退へと向かうということ、それぞれの時代にはその時代なりの神や妖怪がいることを、はっきり把握し区別しないまま論じているために生じているように思われる。

まず、日本の信仰全体の歴史を繁栄から衰退へと変化しているという考えは正しい指摘であろう。一〇〇〇年前のある個人の信仰心と現代の個人の信仰心を比較したならば、明らかに現代人のほうが信仰心は少ないといえる。現代でも信仰心の厚い人も多いが、一〇〇〇年前に比べれば割合が減っているというのも理解できる。私たち現代人の日常生活において神や仏にかかわる部分は大きく減少してきているのである。しかし、この信仰衰退史をもって、神が妖怪に零落したとするのは誤っている。信仰の衰退とは、神についての信仰の低下とそれに対置される妖怪の信仰の低下が、同時に生じていることなのである。つまり、時代が下るにつれて、信仰される神が減少し、逆に妖怪が増加しているわけではなく、神も妖怪もその活動領域が狭まっていったのである。いいかえれば、時代をさかのぼればさかのぼるほど、神や妖怪の両者の活動領域はともに拡大していくことになる。当然のことながら、古代には古代なりのたくさんの妖怪が活動していたわけである。ただし、ここでいう「たくさん」とは妖怪の種類が多いということではなく、妖怪の仕業にされる事柄が多いということを意味している。

日本の妖怪の歴史をたどってみると、古代に勢力をふるった妖怪、中世に勢力をふるった妖怪、近世に勢力をふるった妖怪、等々、時代によって妖怪にも盛衰がある。たとえば、天狗の盛衰史、鬼の盛衰史、幽霊の盛衰史、カッパの盛衰史、口裂け女の盛衰史などを、私たちは個別に描きだすことができるが、これは信仰盛衰史とは直接関係するものではない。実際、信仰盛衰史の最先端に位置する現代でも、あいかわらず幽霊は活躍しているのだ。つまり、中世に勢力を誇った天狗族は近世になってあまり元気でなくなるが、その一方で、中世にはみられなかったカッパ族が農村を中心に勢力を誇るようになるというわけである。

さらに、妖怪一つひとつの個体史についても、その盛衰・属性変化を認めることができる。つまり、人々に害を与える妖怪が、祀られて人々に繁栄をもたらす神になったり、追放・退治されたりする。妖怪の個別史ともいうべき個体史のレベルでも、神の零落としての妖怪という仮説は、その個体史の部分的な把握にすぎないのである。

柳田国男の妖怪研究以降の妖怪研究は、こうした柳田の仮説を意識しつつその延長上に議論を展開したり、その仮説に触れずに、柳田が具体的に展開しなかった妖怪の実態を明らかにしたり、その仮説の吟味・批判から新しい妖怪研究の可能性を探ったりする形で展開してきた。日本の妖怪の本質と歴史、その分布を考えようとする「妖怪学者」にとって、今日の観点からいえばいろいろと問題はあるにせよ、柳田の「妖怪学」は妖怪研究の出発点の位置を占めているのである。

柳田以降の妖怪学

柳田国男が明治から昭和にかけて発表した妖怪関係の論文を集成した『妖怪談義』を昭和三一（一九五六）年に刊行してから、半世紀以上になる。その間の日本の妖怪の歴史と本質を探究する妖怪学の動向はどうなっていただろうか。主要な研究を、私の関心に沿って簡単にたどってみよう。

柳田の研究以後、妖怪文化の研究は、長い間低調の時代が続いた。阿部主計《かずえ》『妖怪学入門』[14]や阿部正路《まさみち》『日本の妖怪たち』[15]、今野《こんの》円輔《えんすけ》『怪談』[16]といった、日本の説話や芸能、民間伝承に現れた妖怪を紹介・解説する著書があったが、妖怪研究をそれほど進展させる内容ではなかった。しかし、妖怪研究ということを前面にうちだしてはいなかったが、この間、いくつかの注目すべき妖怪研究が刊行されている。

その一つは石塚尊俊《たかとし》の『日本の憑きもの』[17]である。これは「オサキ」「クダ」「イヌガミ」といった人に乗り移り病気や死を生じさせるという妖怪動物、いわゆる「憑きもの」を分布から属性、社会的機能、歴史にいたるまで多角的・総合的に論じたもので、民俗社会のなかに生きている妖怪動物の実態をじつにくわしく解明している。私の妖怪研究の出発点になった『憑霊信仰論』[18]も、この石塚の研究に刺激を受けて生みだされたものであった。

これに少し遅れて、日本の歴史と怨霊系の妖怪・妖異の恐るべき関係を明らかにした谷川健一の独自の民俗学研究が現れる。『魔の系譜』[19]はその代表作で、「普遍的な発展の法則にしたがっている日本歴史の裏側に、もう一つの奇怪至極な流れがある。それは死者の魔が支配する歴史だ。（中略）この魔の伝承の歴史――をぬきにして、私は日本の歴史は語れないと思う」と述べているように、この研究は、歴史における弱者や敗者が、死を契機に、怨霊となって強者・勝者を攻撃する（と信じられた）伝承の歴史を浮かび上がらせる。私がこの仕事から受けた衝撃はまことに大きかった。妖怪（怨霊＝敗者）が生きている人間（勝者）を支配している。日本の歴史の形成にはこの怨霊が重大な役割を果たしている。怨霊はそれを実現させるために「祟《たた》り」とか「呪《のろ》い」と呼ばれる神秘的方法を用いた。こうした指摘は、私のそれまでの歴史観を大きく変え、妖怪の歴史が人間の歴史と不可分の関係にあるという、私の妖怪研究の基礎となったのである。谷川には、この他に鉱山文化と鬼や一つ目小僧などの妖怪を論じた、『青銅の神の足跡』[20]や『鍛冶屋《かじや》の母』[21]などの研究がある。

民俗社会の調査に基づく研究はほとんど存在していないが、特定の地域における妖怪の伝承の実態を報告した井之口章次の論文「妖怪の地域性」[22]や、四国のノツゴという妖怪を民俗資料・文献史料の双方から解明しようとした桜井徳太郎の『民間信仰』[23]、カッパの民間伝承をくわしく整理・分析した石川純一郎の『河童の世界』[24]などが注目をひく。

文学の分野からの妖怪研究の注目作は、馬場あき子の『鬼の研究』[25]で、説話文学や謡曲の作品を考察しながら、抑圧された人間の情念（怨霊）が鬼になったことを解き明かしている。鬼の文学・芸能から人間がかかえる心のひだに分け入り、その「闇」の奥深くをのぞき込んだこの作品は、谷川の荒々しい人間の心から生まれる妖怪の歴史の研究に対し、人間の弱く繊細な心から生まれる妖怪を描いていて対照的である。最近は、鬼の文学や芸能、さらには美術についての基礎資料がたくさん紹介されているが、長い間、鬼のまとまった研究はこの『鬼の研究』であった。国文学の分野からの鬼の研究として忘れることができないのは、佐竹昭広の『酒呑童子《しゅてんどうじ》異聞』[26]である。さらに、鬼の代名詞ともなっている酒呑童子伝説を、物語絵巻などの諸本を手がかりにその成立過程を考察したこの著作によって、酒呑童子が「捨てられた異形の童子」として、文字どおり再びその姿かたちを私たちの前に現したのである。

見逃すことができないのは藤沢衛彦《もりひこ》の幅広い視点からの一連の伝説研究(27)で、妖怪伝説や絵巻などについて多くの新資料を発掘し、整理を行なっている。彼の仕事は今日あまりかえりみられないが、江馬務の『日本妖怪変化史』の延長上に位置づけることで、その研究の性格がみえてくると思われる。

さて、こうしてみると、柳田以降も、妖怪研究は盛んだったと思われるかもしれない。しかし、こうした整理は、今日の立場からの、それも妖怪研究に関心をもってきた私の立場からの整理であって、これらの研究は「妖怪学」とか「妖怪研究」といった形をとっていなかったのである。おそらく、そうした仕事が「妖怪学」とか「妖怪研究」ということを前面に出したならば、その内容が優れたものであっても、いかがわしい本、人の好奇心をひきつけて金儲けしようとしている本とみなされかねなかったであろう。妖怪＝迷信＝現代人に不要なもの、といった雰囲気が、ちょうど高度成長期にあたっていた当時の日本には蔓延《まんえん》していたのであった。実際、私たちの現実世界から、本書の第一部で論じているように、「闇」が、「妖怪」が消滅していったのが、この高度成長期であった。

しかし、一九八〇年代に入って、こうした事情が大きく変わってきた。人々のあいだに妖怪に対する関心が生まれてきたのである。

私たち「妖怪学者」の仕事がそれをうながしたのか、それともこれまで妖怪を排除・撲滅する運動に身を任せてきた庶民がその消滅を目前にして、かつての妖怪文化に郷愁を覚えたのか、あるいは、それとは異なる現代社会・文化の事情があったのか。いずれにせよ、このころから一般の人々の妖怪への関心が高まってきた。ちょうど、そのような時期に刊行されたのが、宮田登の『妖怪の民俗学』(28)であった。

宮田はこの著書で、柳田の妖怪学を尊重しつつその枠組みをふみ越えて、前近代の都市の妖怪から現代の実生活やフィクションの世界の妖怪まで範囲を広げて妖怪を論じている。「現実のわれわれの日常生活には、不可思議な世界が生き残っており、しかもそれが現実に機能しており、そして何かの意味を日常生活のなかにもたらしているのだ」と説き、妖怪が遠い過去の世界や滅びゆく農村世界のことだけでなく、現代人の問題とも通底する問題をはらんでいることを訴えた。

興味深いのは、宮田が女性に特別な霊力を見いだしてきた日本の伝統の延長上に、現代の妖怪譚《たん》の語り手としての女性たちを現代都市のなかに発見していることである。彼はその著書の意図を次のようにいう。「われわれは民俗資料が、都市からしだいに消滅していくことがしばしば指摘されていることを知っている。しかし、一つの傾向から言えば、民俗は再生産されていくものであり、狐《きつね》や狸《たぬき》の仕業と言われている妖怪変化の具体像は、形を変えて、かつ若い女性を通しながら、やがてさまざまな形で今後も拡大発展していくと予想される。都会に住み、さっそうと町を歩く若い女性たちが、妖怪たちを現実化させる存在であるということを何気なく察知することが、いわば本書の一つの目的でもあったのである」。

農村地域で伝承されていた妖怪は、都市化の波とともに消滅していった。そうした地域では過疎化によって伝統的な妖怪譚の聞き手を失い、後継者を見つけられずに語り手も減少していった。しかし、人口の増大する現代都市では、妖怪否定の科学的言説を知りつつも、現代都市にふさわしい妖怪譚を語り育てる若い女性たちがいて、彼女たちがいるかぎり、妖怪は生き続けるであろうというのである。なぜ彼女たちが妖怪譚を語りたがるのか。それこそが現代妖怪学に課せられた大きな課題の一つである。

ところで、じつは現代都市社会における妖怪譚の語り手は若い女性たちだけではなかった。学校に通う子どもたちも、優れた語り手であり聞き手であった。この事実を豊富な採集資料から明らかにしたのが、松谷みよ子の『学校』(29)や常光徹《つねみつとおる》の『学校の怪談[30]』であった。

現代の妖怪たちにとって、学校はまたとなく居心地のよい場所であるらしい。驚くほど多彩な妖怪類が学校空間のあちこちに棲《す》みつき、ところ狭しとばかりにひしめき合っている。しばしば彼らが引き起こす怪異現象は、不思議を待ち望む子どもらのうわさ話に早変りして、さまざまに取沙汰されながら、学園に好奇と恐怖にみちた波紋を広げていく。こうした怪異に敏感な状況は、程度の差こそあれ、小学生から、いや幼稚園児から大学生までをも包みこむ現象として、今日顕在化しているとみてよいだろう。しかも近年妖怪の仲間は増殖の傾向にあるとみえて、新種の妖怪が話題にのぼることも珍しくない（『学校の怪談』）。

こうした状況を前にして、井上円了の後継者として、若い女性や子どもたちは「迷信」に染まりやすい性格をもっていると、彼らのもとに出かけていって、妖怪たちの撲滅を続ける妖怪学者がいてもいいだろう。しかし、この一〇〇年のあいだのわずかな妖怪研究の蓄積が明らかにしているのは、子どもが、いや大人たちさえも、不思議や妖怪の出現を恐怖しつつ待ち望んでいるということである。それは人間の精神活動の重要な一部分を構成しているのだ。否定しても否定しても、次々に新しい妖怪がたち現れてくる。社会のなかに、現代人の心のなかに、恐怖や不安を引き起こすものがあるかぎり、「闇」があるかぎり、妖怪はうわさ話の形をとったり、フィクションのなかの妖怪たちに姿を変えたりしながら、生き続ける。その媒介者・愛好者が、若い女性や子どもたちだというわけである。ということは、彼らはその敏感な感受性で、社会の変調や歪み、秩序の乱れなどをそれとなく察知しているともいえるのである。

妖怪学は、というか日本の妖怪文化は、近年、まったく新しい時代に入ったかにみえる。多くの人々が妖怪に関心をもちだし、かなりの数の妖怪研究書や妖怪図絵、解説書のたぐいが刊行されだしたからである。それらの著作の内容ははっきりいって玉石混交である。しかし、こうした妖怪ブームの到来は、しっかりした内容の妖怪研究が期待されていることを物語っているのである。それに対応できるような「新しい妖怪学」が構築されねばならないのである。

もとより、本書がこのような状況に十分応えた内容を備えているわけではない。むしろその前提となるような基礎的な事柄を概観しているにすぎない。第一部で、民衆の妖怪信仰を支えてきた「闇」に焦点を合わせて日常生活のなかでの妖怪のあり方を探り、第二部では、日本の妖怪信仰の基本的特徴を考察しているにとどまっている。

だが、私は本書で、「妖怪」が日本人の精神構造を探るための重要な研究領野であり、したがって、いかがわしいイメージがつきまとっていた「妖怪学」はじつは「人間学」というにふさわしい学問に生まれ変わる可能性があることを、できるかぎり語り示してみたいと思っている。

第一部　妖怪と日本人

一　妖怪とはなにか

恐怖・空間・妖怪

人間はさまざまなことに恐怖する。なぜ恐怖するのだろうか。いうまでもなく、恐怖の対象が自分や家族や自分の属している集団を破壊したり、死滅させたりするかもしれないと思うからである。地理学者のイーフー・トゥアンは、『恐怖の博物誌』のなかで、文明史的観点からこの問題に考察を加えている。

彼は「風景」(景観)と結びつけて恐怖を語ろうとする。「恐怖の風景? 耳慣れない言葉にとまどわれることだろう。だが、ちょっと考えていただければさまざまな恐怖のイメージが浮かんでくるはずだ。子供のころなら暗闇が怖かったし、両親に捨てられるかもしれないという不安もあったろう。不慣れな環境や社会状況に置かれれば不安になる。死体を見ればぞっとするし、超自然現象に出くわせば思わずぎょっとなる。病気、戦争、自然災害も怖い。病院や刑務所を見れば落ちつかない気分になるし、誰もいない道路、あるいはひとけのない近隣で強盗に襲われる心配もある。世界の秩序が崩れ去ってしまいそうな不安にとりつかれることもあるだろう」[1]。

また、トゥアンは、恐怖とは「警戒心と不安という、はっきり区別されるふたつの心理的緊張がからみあった感情」であり、それは「心にあるが、病的な場合を除き、恐怖を生む客観的な危険因子は外部の環境に存在する」と説明しつつ、次のように「恐怖の風景」の本質を指摘する。

恐怖の風景。それは自然の力であれ人間の力であれ、混沌《カオス》を生み出す力が無限ともいえるほどの形となって現れたものだ。混沌を生み出す力はありとあらゆるところに存在するし、その力を防ごうとする人間の試みもまたあらゆるところに見ることができる。ある意味で、人間の手になるもの――物質的なものであれ精神的なものであれ――は、どれも恐怖の風景を構成する要素だといっていい。なぜなら、人間の作り出したものはすべて混沌を封じこめるためのものだからだ[2]。

すなわち、人間を取り巻く環境は、自然であれ人工物であれ、恐怖つまり「警戒心と不安」の対象に変貌する可能性を含んでいるのである。その恐怖心が人間の想像力を動員して超越的存在を生み出し、共同幻想の文化を作り上げ伝承する。恐怖に結びついた超越的現象・存在――それが「妖怪」なのである。

妖怪はあらゆるところに出没する可能性をもっている。「警戒心と不安」を抱かせる存在は至るところに存在しているからである。のどかな田園の風景のなかにも、自分の家の居間にも、超近代的なビルのなかにも、妖怪は出没することができるのである。もっとも、そのなかでも、妖怪が出そうな空間というものが存在している。これは人間がのっぺらな漠然とした空間を分割し、安全な空間と危険な空間に分類しているからである。

この空間分類は、人類学者たちの調査報告が語り示しているように、自分を中心に組織される。この空間の分類・組織化は、複数の原理によってなされている。(3) 第一の原理は遠近による分類である。空間的に近くにあるものはそれと慣れ親しんでいるので安全であり、遠くのものはそうではないので不安を抱かせる。第二の原理は、前方と後方の区別に基づく分類で、前方は視覚による判断ができるのに対し、背中の後方はそれができないために危険な空間となっている。第三の原理は上方と下方という分類で、上方が好ましい空間で、下方が好ましくない空間となる。これは上方が太陽の日差しが降り注ぐ明るい空間であるのに対し、下方の大地の下が暗い空間であることとも関係している。そして第四の原理は太陽が昇る方角の空間と太陽が落ちる方角の空間で、前者が好ましい空間、後者が好ましくない空間とされることが多い。そしてさらに第五の原理として、身体の右側の空間と左側の空間に分け、右が好ましい空間で左がそうではない空間とすることがなされる。このような分類原理を組み合わせて空間の組織化を行ない、人間はその中心がもっとも安全な空間だとみなしているわけである。

いうまでもなく、ここでいうその「中心」とは自分の身体であり、自分の家であり、自分の住むムラやマチ、ということになる。人々は、その中心に近いところを鮮明かつ細部にわたって認識することができるが、物理的、社会的あるいは心理的に遠方にある空間は暗くあいまいで空虚な空間になっている。そこが妖怪たちの出没する空間であった。そして夜になると、かつてはほとんどの空間が、囲炉裏の周囲などわずかな空間を除くと家のなかさえも、暗闇に包まれてしまったのである。昼間の空間分類・構成が夜の闇に溶け込んでしまって混沌《こんとん》に帰してしまう。この一日の半分の深い闇を抱えた夜こそ、昼の明るさのために周辺に排除され封じ込められていた妖怪たちが、潮が満ちるように世界に出現し跳梁《ちょうりょう》するときであった。

不思議・災厄・妖怪

妖怪研究の基本的前提は、人々が「不思議だ」と思う現象が自分たちの生活世界に存在していることである。そのような現象が存在しなければ、神や妖怪たちも人々の生活世界のなかに存在する余地がない。超越（超自然）的存在や超越的力の存在を想定して、それによってその不思議な現象を説明しようとするときに、神や妖怪が発生してくる（後にくわしく説明するように、ここでいう「神」とは、人々に祀り上げられている超越的存在であり、「妖怪」とは祀り上げられていない超越的存在のことである）。

たとえば、ある家族が次々に重い病気になり死んでいったとしよう。医者はその一つひとつに「胃ガン」のためとか、「心臓病」のためとかいった説明をしてくれるはずである。それで納得しあきらめてしまう人の前には妖怪現象は出現しない。妖怪を信じない人は、「不思議」と思われる現象があったとしても、自分たちにはさしあたって説明できないだけで、合理的な理由で生じたことなのだろうとみなし、そのまま放置し忘れてしまうのである。いいかえれば、一人ひとりの病気について、なぜ病気になったのか、なぜその家族に次々に死が襲ってくるのか、といった疑問を抱くことによって、それらの死が「不思議」な現象になり、妖怪を呼び出すことも可能となるのである。つまり、神や妖怪は「不思議」の説明のために存在しているといっていいだろう。そして、とくに「災厄・不幸」の説明に利用されてきたのが妖怪たちであった。というわけで、ここでは、妖怪を信じた人が多かった時代あるいは妖怪を想像することで行なう習慣をたくさんもっていた時代、つまり前近代の時代を念頭に置きつつ、以下の議論を進めることにしよう。

正直なところ、「神」と「妖怪」の区別は容易でない。私は「神」とは人々に祀り上げられている超越的存在であり、「妖怪」とは祀り上げられていない超越的存在のことである、とさしあたっての区別を設けている。しかし、たとえば、長い間、祀られていた道祖神《どうそじん》が、祀り手（氏子）を失い祀り棄てられたために、かつての氏子の一人に乗り移って病気にし、祈禱師の祈りで正体を現して「私を祀れ」と病人の口を借りて告げたとき、この道祖神を「妖怪」ないし「妖怪化した神」と呼んでいいのか、苦しむところである。むしろ、病気の原因がわからず、しかしそれが超越的存在によって生じている現象だ、とみなされている段階のときこそ道祖神が妖怪なのであって、正体を明らかにした段階では、「悪神」とか「祟《たた》り神」とは表現できるものの、「妖怪」と表現するのは問題だということもできる。

このような考えに立つと、超越的存在を、「神」として祀り上げられた経験をもつものと、祀られたことがないものとに区別し、前者は人に災厄をもたらしても妖怪ではなく、後者が人々に災厄をもたらしている場合には「妖怪」として区別するということになる。

こうした問題を考えるとき参考になるのが、本書第二部でくわしく分析する、古代神話のヤマタノオロチ（八俣遠呂智）とヤツノカミ（夜刀《やつ》の神）の例である。ヤマタノオロチは一年に一度、若い女性を生贄《いけにえ》に捧げることで鎮まり、それを祀る人々に祝福を与えていた超越的存在である。その意味では「土地の神」であるといっていい存在であるが、「神」とは表現されていない。ところが、これと同様の存在といえる、しかも退治・追放される存在としてみなされているヤツノカミのほうが「神」と表現され、退治した後の残党を「神」に祀り上げているのである。ヤマタノオロチは「妖怪」で、ヤツノカミは「悪い神」なのであろうか。それともヤマタノオロチのほうが「悪い神」であり、ヤツノカミのほうが「妖怪」なのであろうか。

大江山《おおえやま》に本拠を構え京の都に出没し人をさらっていったという、有名な鬼の首領酒呑童子《しゅてんどうじ》も「鬼神《おにがみ》」と表現され、古道具の類が鬼に変化してかつての製作者や使用者に災厄をもたらす存在も「付喪神《つくも》」とされている。

すなわち、「神」という言葉は、かつての日本人には、超越的存在＝霊的存在を表現する言葉でしかなかったのである。そして、「妖怪」という言葉は、怪しい存在＝不思議な現象を指し示す言葉として、近代になって作り出されたもので、「神」と対比されるような概念・用語ではなかったのだ。要するに、妖怪も「神」の一種であったというわけである。つまり、妖怪という学術用語は、「神」の否定的側面を分離させる概念として用いられているのである。

妖怪を定義する

ところで、私はかつて「山姥《やまうば》」を論じた一文で、妖怪の定義を試みたことがある。(4)また、本書の第二部でも同様の主張を述べている。すなわち、上述の、人間に祭祀されているか、それとも祭祀されていないか、といった指標を設定することで、超越的存在つまり霊的存在を、「神」と「妖怪」に、研究の必要上区別しうること、この区別は固定的なものではなく、超越的存在の人間との関係のあり方によって性格を変化させること、人間、動物、植物、人工物、さまざまな事象など、つまり極端ないい方をすれば、名づけられているもののすべてに霊的な存在を認める傾向のあるアニミズム的信仰をもつ日本では、名づけられたものはすべて、「神」になる可能性と「妖怪」になる可能性を合わせもっていること、などを指摘した。それを図式化したのが

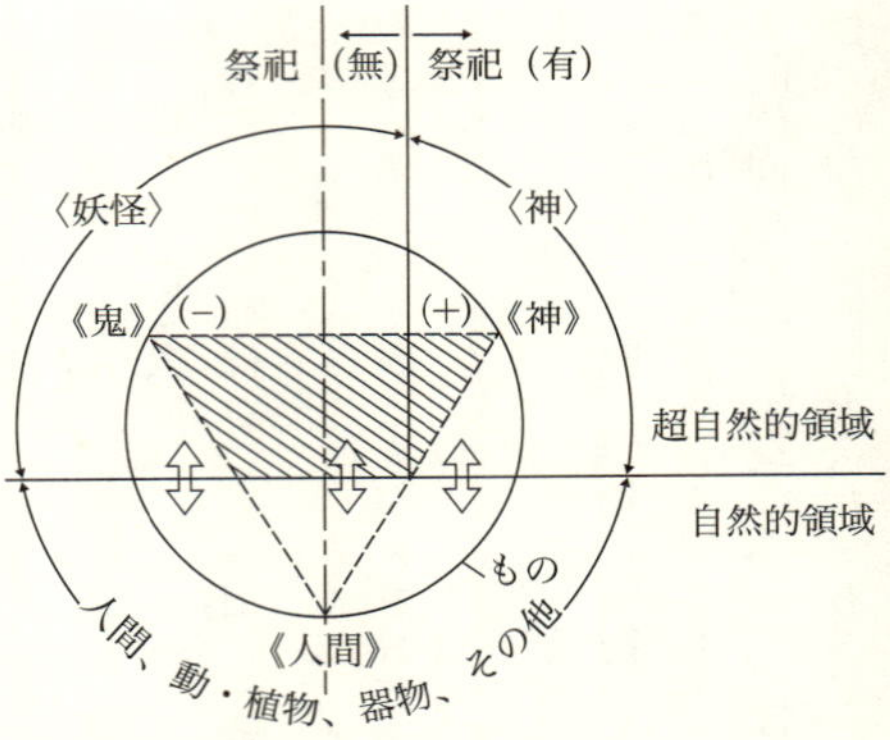

神・妖怪・人間の関係概念図

上の図である。

中村禎里《ていり》は『狸とその世界』において、こうした神と妖怪の関係を、これまでの妖怪研究を検討したうえで、次のように把握し直している[5]。彼の説明はとても具体的で多岐にわたっているが、詳細はその著書にあたっていただくことにして、ここでは私がとりわけ重要だと思った点を私なりの理解と表現を用いていくつか紹介したい。

まず、観念上の存在である妖怪は、観念上の「域外」（＝異域）に存在し、そこから人間世界とのあいだを去来する。この観念上の域外は、空間と時間の二重の形をとって現れる。一つは諸地域の間隙、とくに山の暗闇であり、もう一つは過去である。妖怪は空間的異域に追放されることもあれば、過去に追放されることもあり、ときにはその両方であった。

次に中村は、私が作製した神と妖怪のあいだの変換関係図式（上の図）を発展させ、鬼を例にしながら、左の図に示されるような関係図によって、神と妖怪の転化の関係を説明する。

私は神から妖怪へ、妖怪から神への転化をプラスの属性の発揮とマイナスの属性の発揮によって、つまり神と妖怪の二項関係で説明したわけであるが、中村の場合は、神と妖怪の中間点に、「鬼神」の項を設定し、「神」と「妖怪」と「鬼神」の三項関係によって説明しようとしているところに特徴がある。この図では、退治される以前の人間世界に出現している状態の「妖怪」を「鬼神」とし、退治され追放された「鬼神」を「妖怪」としている。理論的にいえば、「妖怪」→「鬼神」→「神」→「鬼神」→「妖怪」という循環構造を描きだすというわけである。

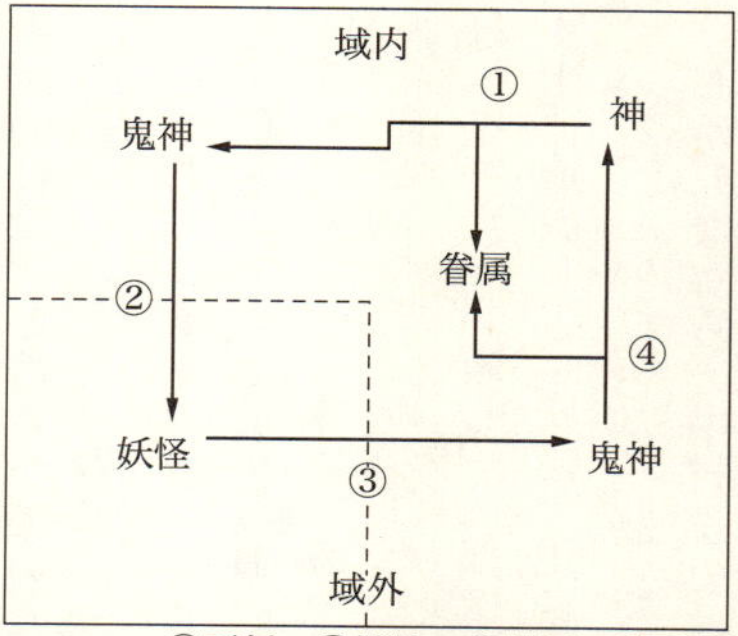

①不信、②排除、③信頼、④受容

神・妖怪の転化　中村禎里『狸とその世界』（朝日選書、1990年）より

たしかに「鬼神」の項を加えて説明すると、神と妖怪の転化関係ははるかにわかりやすくなる。たとえば、スサノオに退治されるヤマタノオロチは、退治されるまでは

否定的に受けとめられていたにせよ、その土地の神であった。この神をスサノオは「鬼神」とみなし、「妖怪」として退治したのである。同時に、退治されることによって土地の人々もヤマタノオロチを妖怪と認めることになったわけである。したがって、殺されてこの世から追放されてしまったオロチは「妖怪」、人身御供《ひとみごくう》を要求しているオロチは「鬼神」であって「妖怪」ではないということになる。また、箭括氏《やはずのうじ》の麻多智《またち》によって攻められた土着の神であるヤツノカミの場合は、ヤツノカミを麻多智は「鬼神」と判断し、一部は退治して「妖怪」の身分を与えるが、残ったヤツノカミを山に追放して「妖怪」化させたうえで、あらためて神殿を設けて「神」へ転化させている、というように説明できるだろう。

しかしながら、中村説では、異域に閉じ込めている状態の荒ぶる霊を「妖怪」とし、それが人間の世界に登場してきた状態を「鬼神」と呼んで妖怪ではないかのような扱いをしなければならない。この説明は再考を要するところであろう。たとえば、目の前にカッパ（河童）が現れたとき、中村説によれば、このカッパは妖怪でもなく、神でもない。そのカッパが悪さをして退治されるまさにそのときにカッパは妖怪ということになる。だが、このカッパが農作業を手伝ってくれれば、逆に神ということになるわけである。これは結局、カッパと人間との個別的関係のあり方＝結果で、カッパを妖怪とするかしないかが決まるということになる。こうなると、私の考える妖怪の説明とあまり変わりがないようである。むしろ、「神」に祀り上げられたり、退治されたりするまでの状態にある「不思議な」存在、人々の不安をかきたてている状態にあるときこそカッパは人々にとって「妖怪」であるというべきだろう。

私は妖怪を二つのレベルで把握している。一つは「不思議」との遭遇である。これを「妖怪体験」ということができる。たとえば、毎日、夜中になると、天井で「家鳴り」がしたとしよう。これを不思議に思えば、それが妖怪体験となる。これがネズミのせいだったとわかり、納得してしまえば、その後も家鳴りが続こうと、妖怪現象は人々の前から消滅する。ところが、それに超越的存在の働きを認めるとすれば、姿こそ見えないが、それが「妖怪」となる。そこで、占い師にその吉凶を占ってもらう。これが不吉とでれば、祈禱師を雇って祈ってもらうことになる。それによって家鳴りが停止すれば、めでたしめでたしで、妖怪を追放したことになる。

ここでもう一つのレベルの妖怪が登場している。つまり、追放すべき存在としての妖怪である。私の妖怪説明理論では、一方の極に退治・追放すべきものとしての妖怪存在を置き、もう一方の極に、妖怪・不思議現象を置いているわけである。妖怪とはそのあいだのどこかに位置している超越的存在というわけである。退治されて「山」

や「過去」に眠っていて人間と接触しない妖怪は、人間にとってなんの意味もない存在、存在しないに等しい妖怪であって、逆にいえば、人間に意味のある妖怪は、退治される以前の妖怪なのである。そこに、中村禎里とはちがう、私自身の規定する妖怪の特徴があるわけである。実際、多くの日本人が語り伝えてきた妖怪物語は、不思議な現象が生じ、それが霊的存在の仕業であると判断され、そして退治される、という内容になっている。

さて、以上のように考えると、妖怪とは、日本人の「神」観念の否定的な「半円」なのだということが明らかになってくる。つまり、伝統的神観念では「妖怪」は「神」なのである。そうだとすると、さきに疑問を投げかけた祟る道祖神は「妖怪」なのだということがはっきりしてくるであろう。東北の有名な「妖怪」であるザシキワラシも「神」であり、傘のお化けも「神」なのである。それが人間に対して多少でも否定的にふるまったとき、妖怪研究者からみれば「妖怪」になるというわけである。

したがって、人間に否定的に把握された不思議現象は、すべて妖怪現象であり、その説明に引き出される超越的存在も妖怪存在ということになる。ということは、極端なたとえを出せば、大日如来も人に災厄をもたらせば「妖怪」であり、アマテラスオオミカミも人に祟れば「妖怪」ということになる。逆にいえば、人を驚かす「傘のお化け」も人に幸福をもたらせば「悪神」ではなく「善神」となり祀り上げることもできるわけである。こうして、東北のザシキワラシが「神」か「妖怪」かという問題も解決することができる。すなわち、ザシキワラシはいつでも伝統的神観念に従えば「神」である。それが祟りをなしたり悪さをしたりするとき、研究者は「妖怪」というラベルをはることになる、ということなのである。

妖怪と社会関係

ところで、中村禎里は、もう一つ重要なことを指摘している。それは人間社会における集団間の関係が神と妖怪の関係に影響を与えることである。たとえば、A集団の「神」がB集団にとっては「妖怪」ということが生じる。たとえば、四国で語られている「イヌガミ」は、特定の家で祀られていると信じられていた。文字どおり、その家にとっては富を運んでくる「神」であった。しかし、周囲の人々はこれを邪悪な神つまり「妖怪」とみなしていた。というのは、この神は、他人に災厄をもたらすことで、氏子を幸福に導こうとするからである。また、密教では、「調伏法《ちょうぶくほう》」と呼ぶ「呪《のろ》い」の呪術《じゅじゅつ》があった。これは不動明王などの仏神に敵を攻撃させるものであった。このような呪術が行使されたならば、呪う側にとって不動明王は「神」であるが、呪われる側にとって不動明王は「悪神」であり「妖怪」ということになる。

　これを私の言葉で表現すれば、制御された霊的存在と制御されていない霊的存在のちがいとして説明できる。調伏する側にとって、不動明王は制御しうる存在となっているが、調伏される側にとっては、その不動明王は自分たちの制御の埒《らち》外からやってきた存在である。そして、人々はこの「悪神」（＝妖怪）に対して、より強力な呪力でもって追放したり、制圧したり、制御した存在に変えることも可能であった。それがいわゆる「悪霊《あくりよう》祓い」であった。

　ところで、この集団Aと集団Bの関係のあり方にいくつかのタイプを想定することができるだろう。一つは、自分たちの「生活世界」つまり共同体内部に属する集団のあいだの関係である。いわゆる「憑《つ》きもの筋」と「非憑きもの筋」の関係はその典型であろう。もう一つは共同体の内部の集団とその外部に属する集団との関係である。ヤマタノオロチやヤツノカミは、そうした関係を物語っている。これと同様にして、共同体内部にいる集団と特定の個人（多くは宗教者）の関係、あるいは共同体内部の集団とその外部にいる個人の関係も考える必要がある。これは、たとえば「呪われている家」のことを考えていただければわかるであろう。その具体的な妖怪現象として、その家に家鳴りや病気や死、悪夢、社会的没落、といったことが生じる（このあたりについては、「六　妖怪と現代人」の化け物屋敷を論じた部分を参照していただきたい）。

こうした社会集団間の関係には、当然のことであるが、支配と被支配、征服と被征服、権力と従属といった、政治的・経済的あるいは宗教的といった権力関係も複雑に絡まっている。たとえば、ヤマタノオロチは征服された者たちの神、古い時代の神である、ともいえるのである。大江山の酒呑童子伝説でも、酒呑童子自ら「自分は先祖伝来の所領であった比良《ひら》山を、桓武《かんむ》天皇と伝教大師《でんぎょうだいし》に追われたのだ」と恨みの言葉を述べている。これは、別の言葉でいうと、社会集団間の関係では、重要な分類軸として、時間軸を考えなければならないということである。

新しい神の登場は、古い神が排除され、抑圧され、妖怪化されることでもある。また、そのような古い神が新しい神を奉じる側の人々に祟るのも当然であろう。日本の祭祀構造・神社形式の多くは、このことを強く意識している。本社の背後に祀られている「奥社」の祭神の多くが、もともとその土地に祀られていた神であることに、よくそのことが示されているだろう。中村が、妖怪は過去に追放されると述べたのは、このことをいっているのである。そして、こうした「奥社」の存在は、日本人のコスモロジーの重要な特徴である「奥」の観念の一つの表現でもあった。

自然の妖怪と人間の妖怪

トゥアンも指摘するように、「恐怖は心にあるが、病的な場合を除き、恐怖を生む客観的な危険因子は外部の環境に存在する」(6)。この外部の環境は、日本の場合、おそらく次の三つに区別できるだろう。

一つは自然である。つねに自然が危険であるというのではない。自然のある状態が人々に不安や警戒心つまり恐怖を抱かせ、その形象化としての妖怪を幻想させるのである。地震、雷、火事、洪水、などさまざまな自然の状態が恐怖の対象となり、そのなかから妖怪が生まれたり、すでに存在する妖怪に結びつけられたりしている。特定の野生動物も妖怪になると恐れられた。たとえば、日本ではキツネやタヌキ、蛇などがそうした可能性をもった動物の代表であった。さらに、人間が作った道具や建造物なども危険なものに変化する可能性をもっていた。いわゆる「付喪神」と呼ばれる器物の妖怪や「化け物屋敷」と呼ばれる怪異の発生する屋敷などがこれにあたるだろう。そしてもう一つの類型は、人間である。人間もある状況では危険なものとみなされ、妖怪となる。死んだ人の霊や生きている人の霊が、人を襲うことがあると考えられていたのである。

では、どうしてそうした自然や器物や人間が、人間に対して攻撃をしてくるのだろうか。日本人が考えた基本的な理由は、あらゆる存在には霊が宿っており、それらは生きている人間と同様に感情をもっている、とみなしていたことによっている。つまり喜怒哀楽の気持ちを抱く存在とみなしていたのだ。そこで、ある人間や集団がその霊的存在との関係をもったり接触をもったりするとき、その霊的存在を喜ばせることもあるが、逆に恨みや怒りの念を抱かせてしまうこともあり、その結果、神秘的制裁や攻撃を受けることにもなると考えた。それがさまざまな怪異現象として現れたり、病気や死であったり、家の没落という「不幸」(=異常)として現れた。そしてその現象の背後に、妖怪を信じている人々は妖怪の具体的な姿を幻想することもあったわけである。

興味深いのは、そうした妖怪が出没するとされる空間が、それを信じる人々にとって、周辺的であいまいな空間、崩壊や死を暗示させるような空間、たとえば墓場や辻や峠であったりしていることであろう。別のいい方をすれば、そうした空間に現れる存在は、妖怪とみなされる可能性が高かったのである。

ところで、さきほど人間にとって自分がもっとも安心できる場所であると述べたが、じつは人間はその心の内部にも深い「闇」を抱えもっている。自分が社会的存在として生きていくために獲得した理性・倫理によっては制御しきれない「無意識」の領域がそれである。そこにもやはり妖怪が棲《す》みついていて、機会があれば、制御された「意識」の領域を侵犯し、その人間を支配しようとしていた。それはある物事への異常なまでの執着として現れ、それがその人間の行動を支配し、ついには他人に危害を加えるまでに至る。「執心」が「心の鬼」となり、反社会的なことを行なう「行為としての鬼」となり、ついには「鬼の姿をもった鬼」になるのである。

たとえば、夫が新しい女をつくったために、怒り狂った古い妻が、鬼になって、恨みを晴らそうとする「宇治の橋姫」伝説の橋姫は、そうした観念から生まれた典型的な例であろう。つまり、自分の「心の闇」から発生してきた妖怪が他人を攻撃し、病気やその他の災厄をもたらしているかもしれないと想像していたのだ。平安時代の「もののけ」はそうして発生してきた妖怪で、恨みを晴らすために病人の体に乗り移ったとみなされることが多かったようである。

「心の闇」は、別の角度すなわち病気などの災厄を受ける側に立つと、自分を恨む他人の攻撃という面だけではなく、自分の心のなかにある「罪意識」ないしは「被害者意識」とも結びつけられて説明することもできる。自分は他人から恨まれるようなことをたくさんしており、神秘的な攻撃を受ける可能性は十分にあるという意識的あるいは無意識的な思いが、心のなかに自分自身の身体を攻撃する妖怪を育ててしまうというわけである。つまり、自分の恐怖心が自分の病気をもたらしたにもかかわらず、その原因を他人の怨念《おんねん》の攻撃と解釈しているのだ。おそらく、支配者、権力者たちは、たえずこうした罪意識を抱いていた。というのは、多くの人々の命を奪ったり、不幸にしてきたりしたからである。そうした意識が多くの怨霊の祟りの発生をうながすことになったといえよう。怨霊の存在を信じる者は、その権力の大きさに比例して、その前に出現する怨霊の数も多かったことだろう。

妖怪の予防と駆除

では、どのようにして妖怪からの攻撃を防いだらよいのだろうか。

まず考えねばならないのは、妖怪に出会わないように心がけることである。夜は妖怪たちが徘徊《はいかい》する時間なので、できるだけ夜間の外出は慎まねばならない。夜に外出しなければならないときでも、妖怪が出そうなところはできるかぎり避けるようにするのが安心である。山や川辺、寺や墓場、村境の辻、神社、森などは、昼でさえ不安を抱かせる空間であり、夜はとくに恐怖心を引きおこさせる空間になっているので避けたい場所である。また、万が一、妖怪に出会ってしまったときの用意に、霊験あらたかな護符（お守り）を身につけておくのがいいだろう。

日本では古くから、密教系のお守りと陰陽道《おんみようどう》系のお守りがよく効くと信じられていた。もっとも、近世になると、神社仏閣に祀られている神仏にも分業・専門化が生じたので、どのようなことにとくに霊験があるのかを調べてみる必要がある。たとえば、秩父地方では、キツネの妖怪が人に取り憑くと信じられていて、これを撃退するには「三峯《みつみね》神社」のお札がとりわけ効きめが強かったという。これを用いず、「えびす様」のお札で代用したのでは効果が薄いらしい。魔除けの呪文《じゆもん》やお経を覚えておくのもいいだろう。私の友人のなかにも、神秘的で不安をかきたてるような空間に立ち入るときには、しっかり般若心経《はんにやしんぎよう》を唱える人がいる。用心にこしたことはないというわけである。

夜の外出は、いってみれば、不安で危険な空間に出かけることである。身体の表面や周囲が妖怪の世界との境界となる。お守りや呪文は、その身体を守るのである。それは呪的な囲いを作っているようなものである。ところが、外出しないで家に籠《こも》っている場合は、その家は幾重にも妖怪の侵入を防ぐための呪的囲いを設定することができる。妖怪が侵入する門、さらにその内部の戸口、さらに各部屋の入口などに、魔除けのお札や呪的境界の印である注連《しめ》などを設置するのがいいだろう。じつはこうした作業によって、人々は空間を分割・組織しているのである。そして、それはまた妖怪がその境界まで侵入することがあることをも物語っているわけである。

これと同様のことは、生活領域としてのムラの空間的境界いわゆる村境についてもいえる。巨大な鍾馗《しょうき》の人形や鬼のような顔の人形を作って置いたり、道切りを示す注連を張ったり、道祖神を建てたりするのは、そうした魔除けのためなのである。

空間的な予防線の設定だけではなく、人々は時間や季節の推移・反復のなかにも、妖怪の出入口を見いだしていた。日本では中国の暦法を導入し、月や星の運行、地上の自然の変化と反復に基づいて、自然の変化に、分割のための境界を設定したのである。その基本となる分割が、一年という分割である。それを二分割し、さらにそれを二分割して四季が作られた。また、一年を一二ないし閏《うるう》月を入れて一三月に分割することも行なわれた。干支《えと》の考えに基づいて、一二年という年のまとまり、それを五つ合わせた六〇というまとまりを作り出した。個人のレベルでいうと、いわゆるこの六〇の年数が人間の時間の完結した形態で、その一巡を還暦というわけである。

このような「時」の分割によって、妖怪たちはある「時」から次のある「時」への境目から、人間の社会へ侵入してくるのである。一年の最後の日である大晦日《おおみそか》は、新しい年の霊魂をもってくる「お正月さま」が来訪してくる「時」であるとともに、鬼や祖霊が来訪してくる「時」でもあった。と同時に、人間世界の内部に徘徊する妖怪たちをこの「時」の裂け目から追放する「時」でもあった。暮れの「大祓《おおはら》い」や六月の「夏越《なごし》の祓い」、春分の前夜の「節分の鬼追い」などの行事は、そうした観念から生まれたものである。したがって、こうした「時」の境界に当たる日は、外出を控え、家ないし神社や仏閣に籠っているのがいちばんよかったのである。

一年のうちで、もっとも妖怪が登場する時期は二つある。一つは、一年の終わりから新しい年が始まる時期で、この時期になると鬼たちが各地の祭りに登場する。そしてもう一つは六月の終わりごろから八月の中ごろまでで、この時期には先祖祭りのお盆の行事があり、人間の妖怪である幽霊が登場しやすい時期とされている。もっとも、空間分割のときもそうだったように、神や妖怪を出没させることで、時間の境界を作り出していると理解することもできるだろう。

さて、人々は空間の境界、時間の境界にも注意をはらい、そこにさまざまな魔除けの仕掛けを用意するが、それでも侵入し危害をもたらすに至った妖怪に対しては、どのようにふるまえばいいのだろうか。儀礼的なレベルでいえば、神社仏閣にお参りしてその霊験を期待するのも一つであるが、多くは妖怪退散の儀礼を宗教者に依頼することになる。神話的なレベルでは、酒呑童子退治のような物語となるわけである。

こうした妖怪退治にとくに能力を発揮したのが、密教系の僧であり、陰陽道系の宗教者であった。多くの妖怪退治の物語は、彼らが行なう妖怪退治＝病気などの災厄除去の儀礼の効果を語り示すために語り出されたという側面をもっている。中世に制作された『玉藻前草紙《たまものまえそうし》』などは、陰陽師の安倍泰成《あべのやすなり》による、上皇に取り憑いて病気にした妖怪狐祓いの儀礼の物語であり、妖怪＝悪霊退治儀礼と妖怪退治物語の深い関係を如実に描き出しているといっていいだろう。

つまり、妖怪に攻撃され苦しめられたときには、呪験《じゅげん》の優れた宗教者に助けを求めるのが最良の方法であったのだ。いまでもそうした呪力を獲得する修行を積んだ宗教者は、天台宗や真言宗《しんごん》あるいは日蓮宗中山法華経寺派《なかやまほけきょうじ》の僧などたくさん存在している。私が長年調査している高知県香美《かみ》郡物部《ものべ》村（現・香美市物部町。以下、本書での表記は当時のままとする）には、今日ではまことに珍しい陰陽道系の「いざなぎ流」という民俗宗教が伝承されており、そこにも妖怪調伏のための強力な呪法が伝承されてきたが、残念ながら、いまではその伝統も、後継者がいないためやせ細り消滅しつつある。

「生活社会」の三類型と妖怪

以下では、日本の妖怪を育んだ風景（景観）や社会環境がどのようなものかを簡単に述べておきたい。ついつい見逃されてしまいがちであるが、日本の妖怪がどのような風景や環境を背景にもつことによって生まれてきたのかということを知っておくことは、日本の妖怪研究に不可欠なことである。そして、この第一部でとりわけ注目したいと考えているのは、この側面である。

よく知られているように、これまでの民俗学は、その主たる研究対象を農村社会の生活と文化に置いてきた。日本民俗学の草創期においては、日本人のおよそ七割が農民であったことを考えれば、その戦略は大いにうなずけるものである。柳田国男は、日本人の多数を占める農民文化のなかから、「日本人」像を浮かび上がらせ、作り上げようとしてきた。しかしながら、その結果、「民俗」という用語には、つねに農村つまり「ムラ」の社会・文化というイメージがつきまとうことになった。もちろん、これまでも少ないながら、「マチ」の研究は行なわれているし、最近では「民俗」の概念を拡大し、漁村や町場、さらには都市にも民俗があるという主張もなされるようになっている。しかし、民俗学ならではの独自の成果を挙げているといえるものは、まだきわめて少ないように思われる。

そこで、私はここで、そうした「民俗」という用語にこびりついているイメージから逃れるために、人々が日々の生活を送っている世界を「生活世界」と呼び、そうした人々が寄り集まって複雑な社会的関係・ネットワークを形成している社会を「生活社会」と呼ぼうと思う。そして、その社会の構成員を「生活者」ないし「住民」と呼ぶことにする。この「生活社会」は、大雑把にいって、「ムラ」「マチ」「都市」の三つに分類することができる。ここでいう「ムラ」は社会の構成員のほとんどが同じ生業に従事しているような社会で、農村や山村、漁村などを想起してもらうのがよいだろう。この社会では、基本的な社会規範、習慣、コスモロジーを社会の構成員が共有しているために、自立した集団としての性格が強く、その社会の外部の人間に対して排他的になりがちである。

「マチ」は「ムラ」とは異なり、基本的な生業形態を貨幣経済を基盤にした「交換」に置いている地域社会である。「マチ」の語源が「間《マ》＋路《チ》」であり、「ミチ」（道・路）や「イチ」（市）、「チマタ」（巷）の類縁語であることからもわかるように、近隣のムラやマチから人々がさまざまなものを交換するために集まってくるところである。そこで当然のことであるが、それは交通の要所に形成される。この社会は二重構造になっていて、「ムラ」とは異なり、交換する目的でやって来る人々に対して社会はつねに開放されているが、その一方では「マチ」の定住構成員は彼らの「生活社会」を形成し、その社会のレベルでは「ムラ」と同様に、強い社会的紐帯《ちゅうたい》をもった排他的な地縁集団を作っている。

これに対して、「都市」は「マチ」をこえたところに成立している社会である。ここで私がイメージしているのは、近代的な大都市である。もちろん、近代以前の江戸のような「都市」は、近代の都市の特徴と重なる点を多くもっていたが、同時に巨大な「マチ」の集合体という特徴も多くもっていたのである。このような都市の構成員は、さまざまな「交換」を生業とする人々の集合であるが、すべての人々が直接的あるいは間接的に関係しあっているわけではない。同じ地域に住んでいながら、互いに同じ習慣や価値観や倫理観、コスモロジーを共有しているわけでもない。同じ「生活世界」に属しながら、都市民の「生活社会」は家族や個人によって大きく異なっているのである。とくに地縁的集団としてのまとまりが「ムラ」や「マチ」に比べて著しく弱まっている。人々は地縁とは異なる縁によって社会関係を結んで生活しているわけである。こうした大雑把な分類をしたが、もちろん、「マチ」にも「ムラ」的な特徴がみられたり、「都市」にも「ムラ」や「マチ」の特徴がみられたりすることもあることを忘れてはならないだろう。

では、こうした三つの「生活社会」において、妖怪はどのような形で人々と関係を結んでいるのだろうか。私たちがここで考察したいのは、この点なのである。

妖怪研究との関係で「ムラ」を考えるとき、とりわけ重要なのはその環境である。「ムラ」は人々の住む集落があり、その周囲に田畑があり、その外側に山を抱えもっているのが一般的である。福田アジオはムラ世界を、ムラ―ノラ―ヤマ、という同心円的構造でモデル化できると説いているが[7]、妖怪の主たる活躍場所は、このうちの田畑（ノラ）や山（ヤマ）であるといっていいだろう。そこは自分たちの住む中心からみて周辺部にあたり、認識論的にいって暗くあいまいな、それゆえ危険な空間となっているからである。たしかに、よく知られた山姥やカッパ、天狗《てんぐ》といった妖怪たちの出没する場所は、田畑や川原、山であった。

では、「マチ」ではどうだろう。「マチ」も周囲に山や田畑を抱えもっていることが多い。しかし、「ムラ」とは違って集落（人家）が密集し、そのあいだに大小の路地が発達している。したがって、妖怪は周囲を人家に囲まれたこのような路地を通過して家々に出没せざるをえない。たとえば、「百鬼夜行《ひゃつきやぎょう》」と呼ばれる妖怪たちがいる。これは夜中の町中を行進する妖怪の一団のことで、「マチ」の妖怪の代表といっていいだろう。

もっとも、このマチの空間にも、よく慣れ親しんでいる空間とそうでない空間がある。ある路地のこちらとむこう、マチのはずれの辻、立ち入りが禁じられている建物などは、不安を抱かせるに十分な空間であった。つまり、マチ世界のコスモロジーの特徴は多くの建造物と大路・小路の存在から生み出されているといえよう。したがって、福田アジオのモデルを変形させて「マチ」をモデル化すると、マチ―ミチ・ロジ―ノラ―ヤマ、という同心円が描かれることになる。

ところが、これが「都市」（巨大なマチ）になると、ノラ―ヤマ、の部分がほとんど消滅してしまうことになる。とりわけ現代都市では、ノラは建物の「ウミ」ないし「ノラ」に変わり、ヤマは高層の建造物の「ハヤシ」や「モリ」「ヤマ」に変わってしまっているのである。ということは、「都市」は主として大小の建造物とその間を縫うように走るたくさんの道路によって構成された世界だということになる。興味深いことに、そのような世界にも妖怪は出没するのである。

二　妖怪のいるランドスケープ

日本人の「ふるさと」としての小盆地宇宙

前章において、私たちは日本の妖怪を理解する前提として、日本人の「生活社会」を三つに分類した。ここでは、そうした社会に住む人々がどのような妖怪を想像し、それを生活のなかで体感していたのかを具体的に検討してみようと思う。

そこで、これに先立って、妖怪を考えるうえで必要な「景観」(ランドスケープ)について、もう少し詳細に検討を加えておくことにする。日本の景観について、もっとも説得的な論を展開する樋口忠彦によれば、日本人は盆地に対して格別の思いを抱いてきたという。

盆地は、いうまでもなく周囲を山で囲まれた閉鎖性の強い空間である。その景観は、一つの明確なまとまりをもっていて、一つの完結した世界としてイメージすることができる。そして、盆地の景観は、なぜとは知れず人の心を平穏にさせてくれるような、休息感に満ちた雰囲気をもっている。安息の地がまた人々にとって棲息《せいそく》の地として求められることには、何の不思議もない。渡り鳥はある一定の型の景観をもった場所にねぐらを定めるようであるが、日本人もまたしばしば、周囲を山に囲まれた盆地の景観に心ひかれてきたように思われる。(8)

樋口は、盆地を日本人が心に抱く「ふるさと」の基本型、「風景」の原型、さらには日本文化の母胎となっていると考える。樋口は、日本の景観を「盆地の景観」「谷の景観」「山の辺の景観」「平野の景観」に分類しているが、このうちの「平野の景観」のみが「盆地」と異なる景観であって、「谷の景観」は「谷川沿いの山ふところにある小盆地」であり、「山の辺の景観」は「背後に山を背負い、左右は丘陵に限られ、前方のみ開いているというタイプの景観」で、これは盆地の一部ないし盆地の半分に相当するような海岸の地形のことである。つまり、日本の景観には、盆地型とそれに対比される平野型の二つの景観があり、そのうち主要な景観は盆地型であるというのである。

この景観論で興味深いのは、こうした景観のなかに「ミヤコ」や「マチ」「ムラ」が包み込まれている、ということである。すなわち、私たちが前章で分類した三つの

「生活社会」のうちの「ムラ」と「マチ」の景観の多くは、盆地的景観なのである。したがって、近代の「大都市」の景観が「平野の景観」に相当することになる。ところで、樋口の関心はあくまで景観であって、その景観のなかで生活する人々の文化内容にまではほとんど踏み込んでいない。これに対して、この景観論に呼応する形で盆地世界の文化人類学的研究の必要性を説いているのが、米山俊直である。米山はその著『小盆地宇宙と日本文化』において、日本文化を見直しその地域性をまとまりあるものととらえるために、「小盆地宇宙」という概念を提唱する。これはこれまでの民俗学の研究のあり方への厳しい批判を含んだ、まことに示唆に富んだ考え方である。たとえば、次のように説く。

小盆地を中心とする文化領域は、いわばひとつの世界である。この世界を、私は「小盆地宇宙」という名で呼ぶことにしている。小盆地宇宙とは、盆地底にひと、もの、情報の集散する拠点としての城や城下町、市場をもち、その周囲に平坦な農村地帯をもち、その外郭の丘陵部には棚田《たなだ》に加えて畑地や樹園地をもち、その背後に山林と分水嶺《ぶんすいれい》につながる山地をもった世界である。典型は遠野《とおの》のように、孤立して四方が尾根に取囲まれているが、盆地に集まった水は一方の方角から盆地の外へ

流出している。このような地形を特徴とする世界で、住民が構築してきた精神世界を、小盆地宇宙と呼ぶのである。(9)

すなわち、米山は「マチ」や「ムラ」を分断しそれを個別に考察するのではなく、小盆地宇宙を構成する一部、統合体の一部とみなし、その統合体のシステムのなかで理解すべきである、と説いている。ところが、柳田国男は、日本の地方文化の伝統を日本の国民文化形成に生かすために、口頭伝承を重視しその情報源を農村・漁村に求めて、文字文化をもった変動しやすい「マチ」を正面から取り上げることを避け、「マチ」と「ムラ」の交流のネットワークも無視してしまったという。この結果、米山は「日本の近代国民文化形成のために、小盆地宇宙の文化的統合はあえて無視され、地方文人は中央文人によって圧倒され、〝地方史家〟は地方に在るためゆえに軽視される」ということを招くことになったと指摘する。福田アジオがムラ—ノラ—ヤマといった、「ムラ世界」からしか発想することができなかったのは、こうしたことにもよっているのであろう。

米山の、町場から、平場農村、山峡村、山村まで含み込んだ「小盆地」の世界を一つの統合体＝システムとして理解し直すべきだという提案に、私は賛成である。その提案が民俗学の根源的批判となっていることもわかる。しかし、残念なことに、米山の仕事は「小盆地宇宙」つまり「コスモス」の指摘と、日本文化を理解するうえでのその考察の必要性を力説するにとどまっていて、「小盆地宇宙」の内部に分け入り、その仕組みを具体的に調査・分析し、その「コスモロジー」を提示しているわけではない。

そうした問題があるものの、米山の指摘は、私が取り組んでいる妖怪研究にもまことに多くの示唆を与えてくれている。たとえば、米山は、小盆地宇宙のなかで生活する異なった生業に従う人々をまとめて「住民」と表現している。これは私たちが「生活者」と呼んだ人々とほとんど重なりあうといっていいだろう。もちろん、この「住民＝生活者」の内的構成を吟味すれば、支配と被支配、地主と小作、差別と被差別、といった「住民＝生活者」の階層差が問題になってくる。小盆地宇宙の再評価を説く米山も、その完結性、異種生業の結合・交渉によって差別が発生することを認めている。

しかし、ここでは、盆地という「生活世界」にはそうした社会関係がある、ということをよく承知したうえで、「生活者＝住民」という用語を用いたいと思う。というのは、「武士」「農民」とか「商人」「職人」といった生業・身分による区別に応じて明確に異なった妖怪が幻想されていたわけではないからである。妖怪幻想は盆地宇宙という「生活世界」のなかで生きる人々の共同の幻想なのであって、それはそうした社会的身分の差異を超えたところに存在しているという側面を抱えもっているのである。

むしろ、妖怪研究において重要なのは、「生活者」を取り囲んでいる、自然と人工物が作り出す景観であり、自然と人工物とのあいだに切り結ばれる人々の関係なのである。

ムラのコスモロジー、マチのコスモロジー

妖怪論を展開するうえで、重要な手がかりとなる景観を吟味してみると、大きく二つに区分できる。一つは自然ないし擬似自然的空間としての景観である。山や川や田畑、森といった空間がこれにあたる。もう一つは人工的空間としての景観である。これは住居、寺院、神社といった建物から、町並み、街路といった空間のことである。

そこで、こうした「ムラ」と「マチ」の双方のコスモロジーをまとめて、「田舎のコスモロジー」と呼ぼうと思う。このコスモロジーは「住民＝生活者」に共有されたコスモロジーであって、その多くは「ムラ」のコスモロジーが占めているが、「マ

チ」にはその規模によって「ムラ」にはみられないような独自のコスモロジーも生み出された。しかし、多くの小盆地宇宙のなかの「マチ」では、「マチ」であることから生み出された独自な部分が占める割合はそれほど大きなものではなかったと思われる。

ところで、この「田舎」という呼び方に抵抗をもつ人がいるかもしれない。ここで「田舎」という用語を用いるのは、「小盆地宇宙」のどこかに住む人々が小盆地の作り出す全体の景観を共有し、そこにコスモロジーを育んできたと推測されるからである。たとえば、盆地の中心地である大きな「マチ」のなかに生まれ、現在、そこが地方都市と呼ばれて栄えていたとしても、その地を離れたとき、「あなたの田舎はどちらか」と聞かれたときに想起する場所は、盆地の風景ではなかろうか。それが「田舎」ないし「ふるさと」の典型的イメージのように私には思われてならないのである。

では、この「田舎のコスモロジー」に対比されるのは、どのようなコスモロジーであろうか。樋口忠彦によれば、「盆地の景観」に対比されるのは「平野の景観」であり、同じく米山俊直によれば、「小盆地宇宙」に対比されるのは「平野宇宙」である。したがって、これらにならえば、平野に展開する「ムラ」や「マチ」のコスモロジーということになるが、その地形ゆえに、盆地のような統合体を作り上げている「ムラ」や「マチ」は少なく、小盆地宇宙にみられたコスモロジーを、平野の空間に応じて変形させたようなコスモロジーを所有しているにすぎないようである。ここで、私が「田舎」という言葉を「盆地」に代えて用いているのは、地形や自然景観とは異なる視点からコスモロジーをとらえようとしているからである。すなわち、「田舎」に対比するものとして「都市」を設定しているのである。「都市」は「マチ」の巨大化したものである。「田舎」のなかに「マチ」もある。「都市」のなかにも埋没しあるいは痕跡として、「マチ」や「ムラ」が残っていることが多い。だが、「都市」は「田舎」には見いだすことのできない新しい景観や社会関係、コスモロジーを紡《つむ》ぎ出している。

「ムラ」から「マチ」、「マチ」から「都市」への変化あるいは差異は、どこに求められるのだろうか。景観論的観点からいえば、「マチ」と「ムラ」ではその景観において違いが出てくる。「マチ」には、「ムラ」にはみられない町並みや街路（路地）が存在している。しかし、問題はその規模である。集落研究では密集家屋が何軒あれば「マチ」というのだろうか。戸数が一〇〇に満たないような「マチ」もあれば、近世の江戸のように、数万にも及ぶ人家が寄り集まっていた「マチ」もあり、したがって、景観も「マチ」の規模によって大きく異なってくる。小さな「マチ」で生活する人たちは、小さな町場の景観だけではなく、その周囲に、田畑を抱えもち、その背後には山が控えているという景観のなかで生きていた。その意味では、彼らの景観から生み出される神観念、妖怪観念、コスモロジーは、「ムラ」のそれとさほど変わっているわけではない。

しかし、その規模が巨大になってくると、田畑が小さくなり、遠方に遠のいていく。背後の山も小さくなり、だんだん意識されることが少なくなってくる。それに代わって、町並みが、大小の街路が、人々の姿が、そして人々が作った建物や器物が、人々の抱く景観の中心、生活の中心となり、そのなかに、神や妖怪をも幻想するようになる。この幻想のなかに、「ムラ」では見いだせないものも混じっているわけである。

もちろん、江戸のような巨大な「マチ」に住んでいた人たちも、「ムラ」に住む人たちと同様のコスモロジーをもあわせもっていた。地方の「マチ」や「ムラ」からやって来た人たちが寄り集まっているのだから、当然のことである。しかし、そうした巨大な「マチ」はその巨大さゆえに、「マチ」であるがゆえの文化を生み、神観念、妖怪観念、コスモロジーをも生み出した。そして、私がここで巨大な「マチ」を「都市」と呼んで区別しようとしているのは、あまりに巨大化したために「マチ」の生活者がその「マチ」の全体を統合的に把握できなくなってしまっている点にある。すなわち、「マチ」の広さ、「マチ」が作り出す景観、そしてそこに住んでいる人々の生活に必要な基本的文化、そしてコスモロジーが、その「マチ」の「住民＝生活者」のすべてに了解・共有されなくなってしまっているのである。

「都市」では、「マチ」が細分化され、景観は人工物で占められ、人間関係は部分化・重層化され、ときには解体されており、そして人々のコスモロジーは個人化されてしまっているのだ。おそらく、古代や中世の京都、あるいは近世の江戸や大坂などの巨大な「マチ」でも、そうした特徴がみられたと思われる。その意味では、これらの「マチ」は「都市」の顔をもっていた。しかし、その一方では「田舎」の顔もそれに劣らずにもっていたといっていいだろう。

ところが、明治以降、その巨大な「マチ」あるいは前近代の都市は、その「田舎」的性格を急速に失って、上述したような特徴をもった新しい巨大な「マチ」に変貌していったのである。とくに、高度成長期以降の高度な科学文明に支えられた現代都市では、自分が隣の家の人と同じ倫理観、生活慣習、コスモロジーなどを共有しているかどうかもわからない。「田舎のコスモロジー」はおおむねそこに生きる人たちに共有されているが、「都市のコスモロジー」は部分化・多様化しているのだ。したがって、現代の都市には、自分と同じコスモロジーを抱いている人がいるかもしれないし、いないかもしれない。いたとしても、お互いが直接顔を合わせてそれを確認するといったことはきわめて少ないわけである。妖怪研究者は、そのような現代の都市のコスモロジーのなかにも妖怪が棲息している点に注意をはらわねばならないのだ。

水木しげる少年の妖怪体験

近年たいへんな人気を呼んだ漫画家の水木しげるの描く妖怪画の主だったものは、近代以前からの妖怪たちで、その多くはマチやムラで伝承されてきたものであった。水木しげるは、高度成長期以降、急速に衰退・消滅していったこれらの妖怪たちへの深い哀惜の思いから、まるで記念写真を撮るかのように絵筆をとって、彼の創作妖怪だけではなく、民間伝承のなかの妖怪をもカンバスに描き込んだ。

彼は現在の鳥取県境港市の海浜地域（港町）に生まれ育った。米山俊直の小盆地モデルでいえば、完全な小盆地宇宙ではなく、美保湾に面した「疑似半円形盆地」でしかも「盆地底」には湖に相当する「中海《なかうみ》」が広がっていた。したがって、そこは典型的な農村とはいささか異なる、漁村とそれを背景にした町場を主体とする地域であったといっていいだろう。しかし、家々の祀りごとに関与する「のんのん」と呼ばれる巫女《みこ》のたぐいの老婆が、幼少期の水木に語ったという妖怪の話は、いわゆる私たちが「田舎のコスモロジー」と呼んでいる、日本の多くの地域で伝承されていた妖怪文化とそれほど違いがあるわけではない。

彼の幼いころの自伝ともいうべき『のんのんばあとオレ』(10)を読み、水木がどんな妖怪を知ったのかを検討してみよう。

最初に登場するのは「天井なめ」という妖怪である。のんのんばあは、薄暗い台所の天井のシミを見ては、「あれは、夜、寝静まってから『天井なめ』というお化けが来てつけるのだ」と教える。水木は、それらしきシミを見つけて、「天井なめ」の存在を確信する。こうして彼の想像力が目に見えない世界を作り上げてゆくのである。

民俗学者の岩井宏實《いわいひろみ》は『暮しの中の妖怪たち』において、この「天井なめ」を次のように説明している。「人のいない間に家や草堂に現われ、天井をきれいになめてくれるのであるが、なめたあと、逆にシミを天井のあちこちに作ってしまう。天井にシミを見つけたら、それは天井なめの仕業であるというのであるが、誰もその姿を見たものはない。だが人々はおそらく天井まで届くような背の高いもので、長い舌をもつ妖怪だろうと想像した(11)」。「誰も姿を見たものはいない」といわれながらも、じつは、自伝を書いていたときの水木も、上述の解説をしていたときの岩井もまったく同じ姿を思い浮かべていた。というのは、江戸時代中期の妖怪画家鳥山石燕《とりやませきえん》の『画図百器徒然袋《つれづれぶくろ》』に「天井嘗《なめ》」の姿が描かれているのを、二人とも知っていたからである。石燕は次のようにこれを説明している。「天井の高《たかき》は灯《ともしび》くらうして冬さむしと言へども、これ家《か》さくの故にもあらず。まつたく此怪《かい》のなすわざにて、ぞつとするなるべしと、夢のうちにおもひぬ」。灯が届かないのは、天井が高いからではなく、この妖怪が暗闇を作り出しているからである、というのだ。

石燕がどこからこの妖怪についての情報を得たのかはわからない。おそらく、庶民のあいだで語られていたものに基づき、想像力を駆使して姿かたちを与えたのであろう。もしかしたら、山陰地方の人の話から素材を得たのかもしれない。しかし、逆のこともいえ、山陰地方にこの妖怪が棲みつくようになったのは、鳥山石燕の『画図百器徒然袋』を通じてかもしれない。

「天井なめ」の発生地域は、ムラではなくマチであったようである。家に天井がなくては、この妖怪は出現できないからだ。天井を設けることで、それまで一つの空間であったものが二つの空間となり、天井裏の暗い空間が新たに異界としての性格を帯びた空間となったわけである。

それにしても、この妖怪はいったいなんのために天井の汚れをなめたがるのであろうか。そのあたりがはっきりしないことも、この妖怪がそれほど庶民の生活のなかに根づいたものではなかったことを物語っている。もし水木が天井がないような農家に生まれ育っていたら、このような妖怪の話をのんのんばあから聞かされることはなかったであろう。

次に登場するのが「海坊主《うみぼうず》」である。これは海にいる「胴まわりが小さなたらいほどある杭《くい》のような形の一つ目の化け物」だという。のんのんばあは、こんな昔話をする。昔、米子《よなご》（鳥取県）の近くに、草相撲《くさずもう》をとる強い男がいた。ある日、米子の町に用があって出かけ、帰りはもう夜になっていた。海を見ると、沖に光るものがあり、だんだん近づいてきた。よく見ると一つ目の化け物が海の上を歩いてくる。やがて陸に上がった化け物は、その男にもたれかかってきた。力自慢の男は押し返してこの化け物と押し合いになった。化け物は全体がぬるぬるしてつかみどころがない。男は精根つきかけたが、化け物も弱ってきていて、いまひと押ししてみると、化け物は倒れてしまった。これをひっくくり、家まで引きずって帰った。翌朝、村の人が大勢集まって、この化け物を見物したが、この名前を知る人がいなかった。ところが、九〇歳ばかりの古老が「これは海坊主といい、人さえ見ればもたれかかり、体の油のようなものをなすりつける。きっと、体がかゆいからだろう」と話したという。

この「海坊主」はユーモラスな感じがする妖怪である。「海坊主」と呼ばれる妖怪名は大阪や静岡、東京、宮城などで採集されているので、広い地域にわたって海辺の地域で流布していた妖怪であったと考えられる。類似した妖怪名をもつ妖怪に「海入道」「海座頭《ざとう》」「海小僧」などがあり、「船幽霊」と呼ばれる妖怪の一部にもこれと類似した性格をもっているものがある。「海坊主」の妻がやはり海に出没する「海女房」「磯女」「濡れ女」ともいわれている。もっとも、海に現れる恐ろしい妖怪という点で共通するが、その属性は地域によってかなり異なっている。たとえば、「大波の上に大きな黒い目ばかりきらきら光る坊主頭が、にゅっと突き出て、耳までさけた赤い口を開いてにたにた物凄い笑を浮かべている」というものもあれば、柄長柄杓《ひしゃく》を貸せという「髪を振りみだした大きな海坊主」というものもあり、美しい女に化けて泳ぎ比べをしようという海坊主もいる。

水木の「海坊主」の昔話で興味深いのは、力持ちの男が海坊主の挑戦を受けて勝ったということである。男の力は化け物をも撃退するほどであったということは、彼の名声をいやがうえにも高めたであろう。私が気になるのは、彼とこの化け物のその後である。というのは、これと同様の内容の話は、カッパについても語られていて、カッパの場合、解放してもらった御礼を勝負に勝った男にすることがあるからである。もう一つ注目したいのは、男がこの化け物に出会ったところが、マチとムラの途中の、しかも夜のことであったということであろう。妖怪の出やすい場所だったのだ。そしてその目の前に広がる夜の海は広大な異界であった。

のんのんばあは、ほんとうにたくさんの種類の妖怪を知っていた。あるとき、のんのんばあは、故郷にあたる、小舟で渡ったところにある島根半島の北の諸喰《もろくい》（八束《やつか》郡美保関《みほのせき》町、現在は松江市）に、水木少年を連れていった。ばあの親類の家で、サザエの壺焼きが出たので、いちばん大きいのを取ろうとすると、「サザエは年を取ると『サザエオニ』という妖怪になる。大きなサザエはサザエオニかもしれん」といわれ、小さいほうのサザエにしたという。そんな妖怪が民間伝承としてこのあたりで語られていたとは、にわかには信じがたい。だが、年を取ったものが妖怪になる可能性が高いことは、老ギツネや老ダヌキ、古道具の妖怪などの例を知る私たちには、あっても不思議ではないという思いを抱かせてしまう。きっと、水木少年も「そんな妖怪いるのかな。ばあさんが大きいのを取らせないようにするために、とっさに考え出した妖怪ではなかろうか」といった思いが脳裏を横切ったにちがいない。しかし、その一方では、陰鬱な日本海のうねりの奥にはそんな妖怪もいるのかもしれないという不安にからめとられて、小さいほうに手をもっていってしまったのだ。およそ妖怪譚というものは、こうしたほんとうか、うそかの判断がにわかには下しがたい語られ方をするものである。

帰り道では、カモメのような、猫のような声を聞くと、のんのんばあは、あれは「川赤子《かわあかご》」の声だといい、どこかでゴーンと鐘の音がすると、あれは「野寺坊《のでらぼう》」という妖怪が人の住まぬ荒れ寺で鐘を鳴らしているのだという。桟橋のかたわらにあった廃屋をのぞこうとすると、「白うねり」という古ぞうきんのお化けがいて、首にからみつくという。こうして、このちょっとした「旅」で、水木少年は、この地方に棲む妖怪たちの幻影を、その景観のなかに見いだしたのであった。

神《かみ》ごとを行なうのんのんばあの思考は、私たち現代人とちがった形で働いている。ばあは私たちの五感がつかまえることのできる世界の事象を、目に見えない霊的な世界とたえず結びつけて理解しようとしている。彼女は、私たちよりもうひとつ次元の高い世界観から世界を見ていると、いったほうがいいかもしれない。同じ風景や事物を見ていたとしても、ばあと私たちとではずいぶんちがった読み取りをするのである。

このほかにも、水木少年は、夜道で人を迷わす「大入道《おおにゅうどう》」や「化けダヌキ」、しっぽがふたまたにさけた老猫の妖怪「ネコマタ」、小オニのようなものが引きおこす「家鳴り」、風呂の垢《あか》を食べる小童のかたちをした赤い色の妖怪「あかなめ」、自分と同じ下駄の音をたてて後ろからついてくる「べとべとさん」といった妖怪たちがいることを教わっている。水木少年は、のんのんばあという妖怪文化の専門家を通じて、たっぷりとその文化に浸りながら育ったのであった。

ところで、こうした妖怪文化を考えるとき忘れてならないのは、景観と場所である。神秘的な雰囲気のする場所あるいは禁忌の対象になっている場所というものが、水木少年が生活していた世界のなかにあり、それが不思議の世界＝異界の入口となっていた。

たとえば、水木少年の家の近くの川を一キロほど上がった松林のなかに、かつて伝染病の病院だったという小さな建物があった。水木少年は、誰かからいわれたわけでもなく、勝手に子どもをさらっていく「子とり坊主」がこの病院小屋に棲んでいるのではないか、と想像していた。天気がいいのに雨が降ると、山のどこかで「キツネの嫁入り」が行なわれているという話から、やはり自分で、家の前の海を隔てて見える島根半島の高尾山《たかおやま》の麓あたりで「キツネの嫁入り」が行なわれるのだろうと想像している。また、学校の近くの老樹の下におひなさまが死体のように捨てられているのを見て、この古木が別の世界への入口となっているのではないかと思い、その近くの小祠《しょうし》から白ヘビが出たことも、そうした思いをいっそう強く抱かせることになったという。さらに、正福寺《しょうふくじ》もこのような場所であった。この寺の本堂の極楽地獄絵を見ながら、のんのんばあに「死んだらこういう世界に行くんだ」と教わったのである。

こうした記述から、水木少年が生きていた世界、生きられていた景観が、私たちの前によみがえってくる。おそらく、このあたりに住んでいた子どもたちは、ほぼ同様の世界のなかで生きていたのであり、こうした水木の「原風景」を共有しているにちがいない。水木しげる自身が語っているように、多くの大人はこうした「原風景」を生きたことを胸の奥底にしまいこみ、合理的な世界に入っていくわけであるが、彼はこの世界に浸りきったまま大人になったのである。

もう一つ重要なことは、季節の折々にも妖怪や異界を体感させてくれるようなときがあったことである。正月の注連《しめ》を集めて焼く「とんどさん」、この期間は海で泳いではならないとされた「お盆」と最後の日の「灯籠《とうろう》流し」、子どもたちが掘り出した石の地蔵を祀り上げた「地蔵祭り」、親戚の「葬式」、「モバをとらせた」（海草をとらせた）と語られた「間引き」、海での漁船の遭難除けなどの年中行事や人生儀礼、そして事件が、直接あるいは間接的に目に見えない世界と結びつき、この地方の人々の生活に陰影をもたらし、景観に奥行きを与えていたのである。

奥能登・七浦の妖怪たち

私たちが調査を行なったことがある、能登半島（石川県）の北部の中心都市である輪島《わじま》市門前《もんぜん》町の七浦《しつら》地区は、歴史的にみて集落の構成に多少の違いが生じたことがあったものの、マチといってもいい機能を備えていた皆月《みなづき》を中心に、ある程度のまとまりをもった地域を形成していた。

中心地の皆月は小さな皆月湾に面した集落で、江戸時代から明治時代の初期までは、小規模ながら北前船《きたまえぶね》の寄港地の一つでもあったが、現在はその面影をまったく残していない過疎の集落になっている。その地形は、海岸までやや緩やかな山の斜面が迫っていて、盆地底にあたる部分がなく、つまり平坦地がほんのわずかしかなく、米山俊直の説く「小盆地宇宙」の半円形盆地モデルさえもあてはまらないようなところである。

七浦の人々の景観は、したがって、盆地とは異なり、海辺の集落（ムラ）と山間の集落（ムラ）によって大きく異なっている。つまり、岬や山、森や林などでさえぎられた狭い景観をそれぞれの集落がもち、その集落景観のそれぞれのイメージを頭のなかで寄せ集めつなぎ合わせることで、人々は七浦の全体的イメージを作り上げているわけである。隣接集落との関係はある程度あるものの、それぞれの集落は孤立した閉鎖的な性格を色濃く示している。それを象徴的に物語っているのが、百成《どうめき》大角間《おおかくま》などの山間部の集落における、過疎化によって形骸化しつつも今日でもなお強く意識されている戸数制限である。

こうした孤立的集落と、狭く小さな互いに異なる集落景観は、当然のことながら、七浦に伝わる民間伝承にも反映されている。たとえば、この地方でも「キツネの嫁入り」ということがいわれていたが、狭い景観のなかに「キツネの嫁取り」の場所を見いだすため、集落ごとにその場所は異なっている。また、かつて野焼きをした火葬場も集落ごとにあった。その場所にはほとんどの集落で地蔵が祀られ、ふだんは近づかない場所となっていた。こうした集落つまりムラごとの差異にもほんとうは十分に気を配らなければならない。そのことを承知しつつ、平均的な田舎の妖怪たちの実態を知ってもらうために、あえて集落ごとの景観の違いを無視して、この地域の多くの人が知っている怪異・妖怪現象をいくつか紹介してみよう[12]。

水木しげるの幼少期の話に「海坊主」の話があった。このあたりでは、これに相当する海の妖怪は「船幽霊」である。海で死んで成仏しない人の魂が海に残っていて、それが船幽霊となって現れることがあるという。猿山《さるやま》灯台の沖のほうで、船がよく難破した。難破して死んだ人々の幽霊が他の船を沈めてしまうのである。夜、そのあたりを船で通ると、「杓《しゃく》貸せー、杓貸せー」という声がして船が動かなくなる。柄杓を投げ入れると船が動くが、うっかり底のついたままの柄杓を海に投げると、その柄杓で海水を船に汲み入れて沈めてしまうので、底を抜いた柄杓を投げ入れるのがよいとされている。灯台ができてから、船幽霊は出なくなった。つまり遭難がなくなったという。

猿山灯台のあるあたりは、七浦地区の南の端の漁村集落である吉浦《よしうら》と隣の諸岡《もろおか》地区に属する深見《ふかみ》という集落のちょうど中間に位置する。この沖は岩場が多く、このため良い漁場となっているが、難破もしやすかったわけである。海上交通のうえでも、空間分類のうえでも、このあたりの海は、危険な領域であった。また、海岸は絶壁になっており、このうえの峠を「娑婆《しゃば》捨《す》て峠」といった。鹿などの野生動物が誤ってこの崖から転落したことからこのような名前がつけられたというのが現在の説明となっているが、その一方で、昔、年老いた者をここから投げ落としたのだという「姥捨《うばす》て伝説」に似た伝承も伝えられている。また、こんな妖怪伝説も語られている。昔、猿山に大蛇が棲んでいた。近くの荒場の瀬という岩場に棲んでいた大蛸《おおだこ》が磯でカニやサザエを取って食べていたとき、この大蛇が山から這い下りてきたので、海に引っ張り込もうとして、力比べとなった。結局、勝負は引き分けに終わったが、大蛸が力を込めてふんばったとき、墨を天に向かって吹き出し、この墨が霧となって吉浦から皆月方面の浜に降り注いだ。このためにこのあたりの岩は黒いのである。灯台の明かりが灯るまで、このあたりは「暗い」異界であった。

海の妖怪の代表が「船幽霊」であるとすると、七浦の川の妖怪の代表は「ミズシ」と「カワソ」である。もっとも、このあたりの川は小さく、しかも河口部にあたるので、両者ともに海にも出没する。ミズシの属性はよく知られている「カッパ」とほとんど変わるところがない。キュウリやスイカを食べて川や海に入ると「ミズシ」に取られる。取られると、尻の穴から内臓を抜かれてしまうという。

「カワソ」は「カワウソ」が訛《なま》ったものらしく、このあたりでは、キツネやムジナと同様、妖怪動物ともみなされ、その姿かたちは、イタチやテン、トラネコに似ているという。属性の一部は「ミズシ」とも重なっている。しかし、カッパの被害が水死に結びつけられているのに対し、カワソは陸に上がってきて、さまざまな悪さをするという点に大きな相違がみられ、被害も深刻で話も多い。人をばかすという点で、キツネやムジナとも共通する性格をもっている。したがって、同じ事件を人によっては、カワソにばかされたという者やキツネにばかされたという者に分かれることもある。カワソは不審な死と結びつけられて語られる。昔、皆月川の橋で杭にぶつかるように人が死んでいた。人々は、カワソがこの杭を人間に見せかけ、死んだ人はこの杭と取っ組み合いをするようにぶつかって死んだのだと考えた。また、矢徳《やとく》の人が嫁いだ娘のところに芋を担いで出かけたが、峠近くの川辺で死んでいるのを発見された。これもカワソにだまし殺されたといわれた。

カワソにだまされたという人の多くは酒好きで、酒に酔っての帰りの夜道で被害にあっている。たとえば、矢徳から五十洲《いぎす》に抜ける途中の川端で、人にばけたカワソに相撲を取ろうといわれ、必死で相撲を取るが、翌朝になってよくみると、木の切り株であったとか、皆月で酒を飲んでの帰り、相撲を取ろうといわれ、なかなか勝負がつかないまま夜が明けた。人が通りかかり、石と組み合っているその人を発見した、ということがあった。では、なぜカワソは人をだますのだろうか。七浦の人々の答えはあいまいであるが、カワソが人のもっている魚や農作物を欲しがっている、仲間を殺された恨みを晴らそうとしている、といった説明がなされる。このあたりの人々は、夜の川の暗闇の向こうにカワソやミズシの棲むもう一つの世界を幻視していたのである。

七浦の山には、「天狗」が棲んでいるといわれた。ここでは天狗は、次の三つの特徴をもっている。一つは「山の怪音」を天狗の仕業と考えている。梅雨時の夕暮れなどに、山から太鼓の音が聞こえてくる。これを「雨降りえぎし」といって、天狗の仕業とみなしていた。いま一つは「神隠し」である。矢徳の子どもが一人で遊びに出かけて、夕方になっても帰らず、家中の者が捜し回ってもみつからなかった。天狗にさらわれたのだろうということになった。さらに、天狗は力持ちと結びついている。天狗は力比べをしたがり、また、天狗から大力を授かる人もいると考えられていた。

カワソや天狗などよりも濃厚な伝承性を示しているのは、キツネである。ここのキツネの妖怪伝承の多くは、全国各地で伝えられていたものとそれほど大きな違いがあるわけではない。いちばん多い話は、失踪の原因をキツネのせいにするというもので、同様の性格はカワソや天狗ももっているが、カワソの場合は失踪者の川辺での死などの出来事、天狗の場合は子どもの遠方の地への失踪と結びついている傾向がある。たとえば、数日後に、とくに危害を加えられたということもなく失踪者が発見されるような場合、しばしばそれはキツネの仕業とみなされた。

こんな話が伝わっている。昭和一二、三年のころのことである。そのころは自動車が通れるような道がなかったので、七浦の郵便物は皆月から門前の町の郵便局まで山道を歩いて運んでいた。ある日、門前まで郵便物を運んでいった郵便局員が日が暮れても戻ってこなかった。役場に協力してもらって、村人こぞって捜し回ったがみつからない。キツネかムジナにばかされたのではないかということになり、太鼓やヤカンなどの金属製品などを鳴らして捜したところ、三日目に、門前への途中の木の上で、狂ったような状態で発見された。引きずり降ろして周囲で鳴り物を鳴らすと、正気に戻った。その後、しばらく、キツネが連れ戻しに来るかもしれないというので、家に閉じ込められていた。この郵便局員は、門前で郵便物をもって途中まで戻ってきたまでは覚えていたが、あとのことはまったく覚えていなかったという。

この場合、キツネがばかしたのではないかというのは、人々の一方的解釈にすぎない。ところが、失踪者が失踪中のことを記憶している場合もあった。ある人がいなくなって二日目にみつかった。みつかったとき、ぼうっと立ちつくしているだけであった。キツネが「いいところがあるから、行かんか」と誘い、次々に目の前の道をきれいな道にしてみせたので、ついていってしまったのだと語ったという。途中、糞のようなものを食べさせられたらしい。

こうした、この地域の人々のあいだで伝えられていたキツネ伝承と結びついて語られることが多いのが、門前への山道の途中（門前寄りの塔木尾）の一軒家に住んでいた、「山のばあさま」と呼ばれた占いを商売とする老婆である。この老婆の家は赤い鳥居があって「お稲荷《いなり》さん」を祀っていた。この稲荷は白いキツネで、これを使って占いをしたという。例の郵便局員が失踪したとき、この老婆に占ってもらい、その指示のとおりに捜してみつけだしたのだとも語られている。また、矢徳の集落の人の話では、姪の眼病を家の床下に置かれた呪《のろ》いの藁人形《わらにんぎよう》のためである、と占ってくれたことがあったという。床下を調べてみると、たしかにたくさんの針が刺された藁人形があり、その針を抜くと目の病は治った。ある女性が姪を自分の夫の浮気相手と思いこんで呪ったらしい。

もう一つ、七浦地区のとくに皆月の人々がよく知っている伝説として「オリヤサマ」という名前をもったキツネがいる。このキツネは、かつての火葬場からさらに山に入った洞窟（この地名がオリヤといった）に棲んでいて、村人が婚礼などを控え、食器や調度品に困ったとき、この前で必要なものをどうか貸してくださいと頼むと、約束の日になると、そこに望みの物が揃えてあったという。いわゆる「椀貸し伝説」のバリエーションである。

七浦には、こうした伝説が幾重にも重なるようにして語り伝えられてきた。人々が記憶をたどりながら語る伝説は、まさしく「生活社会」の「歴史」ともいうべきものである。七浦の空間にある場所は物語とともに発生し、その物語が人々と場所との主観的な関係を築き上げているのである。そして妖怪たちはそうした「場所」を作り出すための大きな原動力でもあった。

水木しげる少年の体験は、境港という「田舎」の一人の感受性豊かな少年の体験であった。そこには子どもに語って聞かせる妖怪という特徴が現れているが、おそらく、その体験の基本的部分は当時の大人たちが抱いていた心性と共通していると考えられる。しかしながら、それを確認するためには、境港の人々の当時の民間伝承を採集し、大人たちの生きられていた景観を解読する必要がある。

その一方では、七浦の子どもたちが大人からどのような妖怪たちの話を聞かされて育ったのかも調べてみる必要がある。たとえば、七浦では、子どもが夜になるまで遊んでいないようにとの戒めをこめて、どこそこの坂を夜に通ると「フジテゴが下りてくる」といった。「フジテゴ」とは葛《くず》のつるのことで、そのお化けが出るとおどかしたのであった。子どもたちは「戒め」という形を通じてその土地の人々が共有している主観的なコスモロジーを学習していく。ところが、大人たちは実際に生じている「事件」を妖怪に結びつけて語ってきたのである。このレベルでは「天井なめ」や「白うねり」などの妖怪が登場する場面はほとんどないといっていいだろう。こうした点を十分理解できれば、上述の七浦の妖怪をめぐるコスモロジーは、境港を中心とする妖怪をめぐるコスモロジーの理解の手がかりとなるだろう。「田舎」は自然と人工が作り出すランドスケープのみではなく、その背後に「もう一つの世界」を想定し、そこからやってくる妖怪たちのいるランドスケープをもって生きていたのである。おそらく、高度成長期以前の日本の多くのムラの妖怪たちは、境港や七浦と同様の景観に棲み、妖怪の性格も互いに似通ったものであったといっていいであろう。

三　遠野盆地宇宙の妖怪たち

遠野のムラの妖怪たち

岩手県の遠野地方は、柳田国男の『遠野物語』[13]の舞台となっているところとして著名であり、米山俊直の「小盆地宇宙」のモデルとされているところでもある。『遠野物語』は日本民俗学の記念碑的な作品と評されてきたが、近年では、それは忠実な遠野の伝承記録ではなく、遠野の人佐々木喜善《ささきぜん》の語った遠野郷に語り伝えられていた伝承をもとに、柳田が中世の『宇治拾遺物語』や近世の『御伽《おとぎ》百物語』などを意識しつつ脚色を加えて創り出された、現代の説話文学ともいうべき作品であったことが明らかにされている。したがって、『遠野物語』の民俗誌としての価値は、以前と比べて大きく後退しているといっていいだろう。

しかしながら、こうした『遠野物語』の検証作業によって、『遠野物語』の向こう側にこそ、遠野の人々の生活に根ざした伝承世界が拡がっていたことが浮かび上がってきた。『遠野物語』を手がかりに、その背後に隠されてしまっていた遠野の伝承世界を遠野の側から解き明かしてくれたのが、菊池照雄の『遠野物語をゆく』[14]であり、『山深き遠野の里の物語せよ』[15]であった。

これに対して、外部者の立場から『遠野物語』の向こう側にゆこうとする者も現れてきた。たとえば、赤坂憲雄の『遠野／物語考』[16]はその代表であろう。赤坂は「遠野という土地のそこかしこに埋もれ、忘れ去られようとしている生きられた伝承や歴史のかけらを掘り起こし、それをやがて原・遠野物語へと結実させてゆくのは、遠野にいま生きてある人々である。わたしはわたしなりのやり方で、もうひとつの原・遠野物語への道行きを辿ってみたい」と語る。

それにしても、遠野というところは幸せなところである。柳田国男が『遠野物語』を書いたがゆえに、「日本民俗学の高天原《たかまがはら》」といわれ、多くの研究者や観光客が訪れ、幾種類もの「遠野物語」が新たに語り継がれることになった。それによって、全国の多くの土地の伝承が一編の「物語」さえ書かれることなく変貌し、衰退・消滅していっているなかで、「東北の、列島のムラの代名詞」としての地位と名声をさらにいっそう高めることになったからである。

ところで、私のここでの関心は、「列島のムラの代名詞」としてしばしば言及される遠野郷の妖怪たちを紹介しつつ、これまで紹介・検討してきた地域の妖怪たちとの比較や遠野の特徴などを考えてみることである。

遠野の妖怪たちを取り上げる理由のいくつかを簡単に述べておこう。一つは、上述したように、遠野郷の人々の心のひだにまで分け入った優れた伝承記録が書かれていることである。ここでは、主として佐々木喜善の『遠野物語拾遺』(17)など一連の仕事や菊池照雄の仕事を利用するが、『遠野物語』を引用するときは、さきほど述べた点を念頭に置いて読んでいただきたいと思う。

いま一つのとくに重要な理由は、これまでほとんど注目されなかったが、遠野には「お城下」と呼ばれる「マチ」があり、「マチ」のフォークロアともいうべき独自の伝承が生み出されていたことである。三陸海岸の港と北上《きたかみ》川流域を結ぶ交流の中継点として発展していた遠野郷の中心である遠野の城下町は、たとえば、安永九年（一七八〇）には、すでに人口およそ六〇〇〇人というかなり大きなマチとなっていた。このため、周囲を農村や山村に囲まれ、ヤマやノラ、サトの伝承にどっぷりと浸りつつも、密集する人家のあいだには、巨大な「マチ」であった江戸とも通底するような独自な妖怪伝承の発生条件がある程度整っていたのである。

もう一つの理由は、米山俊直が「小盆地宇宙」の典型的モデルの一つとして、遠野を挙げていることである。米山俊直は、小盆地宇宙の遠野モデルの特徴を次のように述べている。まずそれは、相対的に一つの閉鎖空間を作っていて、そのため独自の歴史をもち、独自の文化をもちやすい。そのなかに、山地、丘陵、渓谷、盆地底と、地形的に類別できるような地域を含んでいて、その結果、生活様式、生産活動の様式にもそれぞれの環境条件に対応したものが含まれている。いいかえるならば、その山で囲まれた世界には人間が住みはじめてからの歴史の全体が刻み込まれているといえる。すなわち、農耕開始に先立つ縄文時代の採集と狩猟の時代の残存がみられたとしても不思議ではない、と。(18)

こうした米山の「小盆地宇宙」モデルをとても魅力的なものだと考えているが、私自身の関心は、米山のように、共時的な「小盆地宇宙」のなかに歴史的な変遷の相を見いだすことではない。注目したいのは、『遠野物語』が描き出した明治後期という時代の遠野が、町場―平地の農村―山村―山師《やまし》の村といった集落から構成され、それらがそれぞれの文化的差異を保ちつつ相互に関係し支えあって、遠野郷という「小盆地宇宙」を築いていたということである。実際、東京の二三区ほどの広さをもつ遠野の人々が、自分の所属するマチやムラの景観・生業などの相違をもちつつも、一方では遠野の城と城下町と、そのもう一方の極である早池峯《はやちね》山によって象徴される景観・文化を共有していたのである。私たちが調査している七浦郷のまとまりに比べれば、遠野郷は格段のまとまりを示しているのだ。逆にいえば、七浦の集落の閉鎖性に比べれば、遠野のそれぞれの集落は開放的であったというべきである。遠野の閉鎖性は、むしろ郷という単位、盆地という単位での閉鎖性なのである。

ところで、日本民俗学はこの遠野を日本のムラの典型例とみなしてきた。米山俊直も赤坂憲雄もそう考えている。しかし、この「典型」という言葉が曲者である。遠野は日本のムラの諸要素がほとんど揃っている「ショールーム」や民俗の「博物館」のようなところだということなのだろうか。だとすれば、民俗学はもっと徹底した遠野調査を行なう必要があるだろう。それとは逆に、遠野は他のムラと比較した場合、その文化内容が非常に特殊で例外的なムラだということをいっているのだろうか。もしそうだとすると、遠野にこだわることは遠野の「異質性」を抽出していることになり、他のムラとの共通性を見いだすことが困難になるだろう。

遠野が抱えもっている危うさは、遠野がその双方をあわせもっているところから生まれていると私には思われる。遠野はありふれた日本のムラでありつつ、きわめて特殊なムラであったのだ。この二重性が遠野のじつは魅力的なところであって、『遠野物語』以降も多くの人々をひきつけてきた理由なのである。

そして、私はこのうちの遠野の特殊性のほうに注目すべきだと考える。たとえば、その特殊性として、「遠野の小友《おとも》村はせまい山の寒村でありながら、これほど金山が一カ所に集中し、中世から近世にかけて金山師たちの槌の音の絶えなかったところはよそにはあまり例がない」(19)ということを挙げることができる。この特殊性を背景にして生み出される伝承は、やはり特殊な性格を帯びているはずである。「長者伝説」もその一つである。

遠野は、近世、三陸海岸と北上川流域を結ぶ交通の中継点の宿場町として発展してきたため、藩も駄賃づけに用いる馬の飼育を積極的に推奨し、「政治は人間と馬の二元的構造になっていた」(20)ともいう。この構造は、駄賃づけ用から軍馬用への転換はあるものの、明治時代に入っても変わらず、柳田が遠野にやってきた前後はその最盛期で、「遠野の馬市は日本三大馬市として空前の活気をおびてきた」。これも遠野のきわめて特殊な性格で、こうした馬文化があったからこそいわゆる「南部の曲家《まがりや》」といった独特の伝承文化が濃密に伝承され続けていたのである。

もう一つ遠野の特殊性を示す例を挙げよう。それはよく知られた「ザシキワラシ」である。菊池照雄は「ザシキワラシの話は、遠野ではどこにもごろごろ馬の糞ほどある話であるのに、ほかの地方では郡内に一カ所か二カ所といった極めて稀な話である」(21)という。これと関係しているのが、川の精霊＝淵の主《ぬし》についての特殊性である。

「山を越した閉伊《へい》川、気仙《けせん》川にある淵の主が蛇体であり、時に若衆に姿を変えて、淵のほとりの旧家の娘のところに通うという話が多い(22)」が、遠野では猿がその位置を占めていた。そしてそれが「カッパ」伝承とも結びついていたのである。

このように、こうした遠野の独特の文化と、どこにでもありそうなありふれたムラの文化がほどよくミックスされているところに、遠野独特の文化の魅力が隠されているのであろう。

さて、上述の議論で、私の遠野へのスタンスともいうべきものがおおむね理解していただけたと思う。それでは、こうしたスタンスをとりつつ、この遠野郷に棲んでいた妖怪たちや人々が感じ取っていた「不思議」な現象とはどのようなものであったのだろうか。

菊池照雄は「遠野では、山と淵と座敷の三つの生活空間の闇の中から話の影がゆらめき出てきた」といい、また「遠野の子どもたちは、二重の恐怖をもっていた。一つは山への、一つは家の中の座敷への恐怖だ(23)」という。山奥の「暗闇」には、「山男・山女・天狗」などの妖怪の類がいた。川のよどんだ淵の「暗闇」には「カッパ」が、そして特定の家のなかの座敷の「暗闇」には「ザシキワラシ」が棲んでいた。たしかに、こうした妖怪が遠野の「闇」をわがもの顔に徘徊していた。しかし、そうした妖怪たちの多くは、すでに指摘した、遠野の特殊な文化事情を背景に生まれてきた妖怪たちであったのだ。

ザシキワラシは、たとえば「綾織《あやおり》村砂子《いさご》沢《ざわ》の多左衛門どんの家には、元御姫様の座敷ワラシが居た。それが居なくなったら家が貧乏になった[24]」と語られているように、家の繁栄の象徴＝福の神のような存在と考えられている。ザシキワラシが棲んでいる家は金持ちであるが、それが去ると、その家は衰退してしまうというのである。興味深いのは、この精霊は祭祀すべき存在とはみなされていないことである。いや、祭祀できない、つまり制御できない精霊として存在しているのである。ザシキワラシは旧家が没落するときにその退去が幻視され、急速に繁栄をえた家でやはりその存在ないし移入が幻視される。すなわち、ザシキワラシとは豊かな家の象徴の精霊化・形象化であり、このような伝承をたくさん生み出すことになった背景には、遠野郷での家の盛衰がとりわけ激しかったことを反映しているかにみえる。

ところで、ザシキワラシという、福の神とも妖怪とも判断しえない精霊が遠野に出没することになったのは、それほど遠い昔のことではなさそうである。というのは、『遠野物語』に採用されているわずか二例のザシキワラシの話のうちの一つに、それが暗示されている。土淵《つちぶち》村山口の孫左衛門の家は、昔からザシキワラシがいるといわれた家であった。にもかかわらず、京都の伏見《ふしみ》にいって稲荷を勧請《かんじょう》してきたという。そして、それにもかかわらず、一家で毒キノコを食べてしまったために家は悲惨な没落を遂げたと語られている。この事件を前にして、人々はその予兆としてのザシキワラシの退去を幻視したといううわさが流れたのである。赤坂憲雄のように、これを民俗の神と外来の神の対立・葛藤の象徴的表現だといっても、なんの説明にもなっていないだろう。もしこの家で一家の事故死がなく、繁栄し続けていれば、外来の神＝稲荷の勝利だという答えが返ってくるのが予想されてしまうからである。

むしろ私は、この旧家にザシキワラシがいるといううわさは、この事件が発生するまでなかったのではないかと疑っている。この事件が生じたことによって、つまりザシキワラシの退去の幻視によって、ザシキワラシが棲んでいたことが判明したのではなかろうか。家の没落の説明としてザシキワラシの話が語りだされたのではなかろうか。もしザシキワラシが棲んでいることを知っていたとするならば、孫左衛門はそのことに安住せずに、外の新しい文化に敏感に反応した人物として、むしろ評価し直すべきであろう。その不幸な挫折を人々はザシキワラシの退去としてしか説明できなかったのである。

ザシキワラシは「憑きもの」伝承や「異人殺し」伝承のもつ家の盛衰の説明機能

と、それほど変わらない伝承であったと思われる。(25) ザシキワラシの先祖＝前身はカッパとみなされている。とすれば、遠野の人々は、このカッパを家に招き入れることで、彼らには「不思議」として映じた、これまでになかった幕末から明治にかけての急激なしかも多くの家の盛衰を説明しようとしたのであろう。

ここで、遠野の特殊性としての妖怪から離れ、遠野の人々がどのようなことを「不思議」と思い、その不思議をどのような超自然的存在を想定することで説明してきたのかをみてみよう。

もっともありふれた不思議の説明としてしばしば利用された妖怪はキツネであった。遠野にも、たくさんのキツネにばかされたという話が伝えられている。キツネの出る場所は一定しており、遠野八幡のある鶯岡《おどろが》山、欠《かき》ノ下《した》稲荷、多賀神社、程洞《ほどほら》稲荷などのあたりが要注意の場所であった。ばかされるパターンもほぼ一定していた。さびしい野原が町になる、入浴したら「肥だめ」だった、まんじゅうだと思って食べたら馬糞だった、キツネの行列が現れる、大音響がする、魚や油揚げなどの好物を奪われる、といった内容の「体験談」が語られ、その多くが酒に酔っての帰りの夜道のことであったとされている。

たとえば、『遠野物語拾遺』一九六に、こんな話が載っている。

遠野の大慈寺の縁の下には狐が巣をくって居た。綾織村の敬右衛門という人が、或時酒肴《しゅこう》を台の上に載せてそこを通ったところが、ちょうど狐どもが嫁取りをして居た。あまりの面白さに立って見て居たが、やがて式も終ったので、さあ行こうとして見たら、もう台の肴《さかな》は無くなって居たそうな。

キツネが人に嫁入りの光景をのぞき見させて油断させ、そのすきにまんまと酒肴をだまし取ったというわけである。もっとも、遠野の人はいつもキツネにばかされていたわけではない。同一九〇の話は、死んだ夫が毎晩妻の寝室の外にやって来るのを怪しんだ家族が、そっと裏から回ってみると、大きなキツネが身体を窓にすりつけているのを見つけ、斧《おの》で叩き殺している。能登半島の七浦のキツネの多くが人をだますことに成功しているのに比べると、遠野のキツネの成功率は低くなっているようである。ということは、遠野は早くからキツネ信仰の迷信に対する「文明開化」が進んでいたということなのかもしれない。

盆地底の平野部での怪異がキツネのせいにされることが多いのに対し、山中の怪異の典型である怪音は「天狗ナメシ」とか「天狗の太鼓」「狸の太鼓」などという。『遠野物語拾遺』一六四に、次のように語られている。

深山で小屋掛けをして泊って居ると、小屋のすぐ傍《そば》の森の中などで、大木が切倒されるような物音の聞える場合がある。是《これ》を此地方の人達は、十人が十人まで聞いて知って居る。初めは斧の音がかきん、かきん、かきんと聞え、いい位の時分になると、わり、わり、わりと木が倒れる音がして、その端風《はかぜ》が人の居る処にふわりと感ぜられると言う。之《これ》を天狗ナメシとも謂《い》って、翌朝行って見ても、倒された木などは一本も見当らない。又どどどん、どどどんと太鼓のような音が聞えて来ることもある。狸の太鼓だとも謂えば、別に天狗の太鼓の音とも言って居る。そんな音がすると、二三日後には必ず山が荒れると謂うことである。

「ノリコシ」という影法師のような妖怪も信じられていた。『遠野物語拾遺』一七〇にこの妖怪の話がみえ、「最初は見る人の目の前に小さな坊主頭となって現われるが、はっきりしないのでよく視ると、その度にめきめきと丈《たけ》がのびて、遂に見上げる迄に大きくなる」と説明したのち、次のような話を紹介している。

土淵村の権蔵《ごんぞう》という鍛冶屋《かじや》が、師匠の所へ徒弟に行って居た頃、或夜遅く余所《よそ》から帰って来ると、家の中では師匠の女房が灯《ひ》を明るく灯《とも》して縫物をして居る様子であった。それを障子の外で一人の男が隙見《すきみ》をして居る。誰であろうかと近寄って行くと、其男は段々に後退《あとずさ》りをして、雨打ち石のあたりまで退いた。そうして急に丈がするすると高くなり、とうとう屋根を乗り越して、蔭の方へ消え去ったと謂う。

この妖怪は、全国各地の山や道に出没する「大入道」や、海に現れる「海坊主」と同系統の妖怪らしい。この妖怪は、「最初に頭の方から見始めて、段々に下へ見下《みおろ》して行けば消えてしまう」という。

「一つ目一本足」の妖怪を退治したという伝承も伝えられている。むかし、貞任山《さだとうやま》に棲んでいたこの妖怪を旗屋の縫という狩人が退治したという。そのあたりは鉱山業が盛んであった地域で、この伝承は多くの鉱山地域で見いだされる妖怪と通底する伝承であるが、さらにこの地域でも語られていた「鬼の子小綱」の昔話に語られている、鬼と人間の女とのあいだに生まれた「片子《かたこ》」とも関係をもっている伝承である。(26)

遠野を代表する妖怪としてよく知られているのは、いうまでもなく「カッパ」である。『遠野物語拾遺』一七八は、カッパの駒引《こまひ》きの話である。

橋野の沢檜川《さわひかわ》の川下には、五郎兵衛淵《ごろべえぶち》という深い淵があった。昔此淵の近くの大家の人が、馬を冷《ひや》しにそこへ行って、馬ばかり置いてちょっと家に帰って居るうちに、淵の河童《かっぱ》が馬を引込もうとして、自分の腰に手綱《たづな》を結え附《ゆわ》けて引張った。馬はびっくりして其河童を引きずったまま、厩《うまや》に入り、河童は仕方が無いので、馬槽《うまふね》の下に隠れて居た。家の人がヤダ（飼料）を遣《や》ろうとして馬槽をひっくりかえすと、中に河童が居て大《おお》いにあやまった。是《これ》からは決してもう斯《こ》んな悪戯《いたずら》をせぬから許してくなさいと謂って詫証文《わびじょうもん》を入れて淵へ還《かえ》って往ったそうだ。其証文は今でもその大屋の家にあるという。

遠野のカッパは、こうした駒を引く、キュウリを好む、人の手助けをするなど、全国各地で伝承されているカッパと共通する特徴を備えている。しかし、それとともに特異な性格ももっている。その一つは、現実のこととして、カッパが人間の女と性的関係をもち、その女にカッパの子をはらませることがある、と信じられていたことである。この背後には、夫が駄賃づけなどの仕事のために留守がちであった家の妻の浮気や、障害を負って生まれた子どもを妖怪視して捨てたり、間引いたりしたことが隠されているようである。この他にも、カッパの顔や身体が赤いこと、ザシキワラシや猿の妖怪と深い関係があること、竜（蛇）神との類似などの特徴を指摘することができる。(27)

ところで、遠野では、人の失踪事件がよく生じていたようである。人が失踪するとそれを「神隠し」と考えたのは他の地域と同様で、ここではそれを「山男」や「天狗」などの妖怪のせいにした伝承が多かった。『遠野物語』三一は、次のように語る。

遠野郷の民家の子女にして、異人にさらはれて行く者年々多くあり。殊《こと》に女に多しとなり。

『遠野物語拾遺』一一〇も神隠し伝承の一つで、遠野の村兵という家でキュウリを作らない理由を、昔、この家の厩別《まやべつけ》家の美しい妻がキュウリを畑に取りに行って行方不明になったためであると説いている話である。その後、上郷《かみごう》村の者が六角牛《ろっこうし》山の山中でこの女に出会い、山男にさらわれてその妻になっている、と語ったという。この妖怪伝承の背後には山師たちの姿が見え隠れしている。

こうした、どこにでもあるような妖怪・怪異伝承を探し出してゆくと、遠野もそれほど特殊なムラではないということが浮かび上がってくる。遠野は、そのありふれた民間伝承と、遠野ならではの特異な伝承との二重性のなかで、その独特な幻想的な伝承を語り伝えていたわけであり、そのいずれもが遠野の伝承なのである。

ところで、妖怪のいる遠野のランドスケープという点から、この遠野盆地を把握し直すとどういうことがいえるだろうか。

山奥には金山師《かなやまし》や木地《きじ》師などの集落があり、彼らは彼らのあいだで共有される伝承文化を伝えていた。その中核となる伝承は彼らの生業にかかわるものであった。盆地底の農村では農耕と馬・蚕《かいこ》などを生業とする農民たちが住んでいた。遠野で採集された伝承の主な担い手たちは彼らであった。ということは、この農民たちの視点から眺めた遠野郷が『遠野物語』や『遠野物語拾遺』などに収録されている話だということになる。すなわち、彼らからみたとき、山奥は神秘的な領域を形成し、金山師や木地師などがときとして神秘的存在とみなされたのである。

さらに遠野の城下はマチであって、多くの人々が住んでいた。彼らも、彼らのあいだで共有される伝承文化をもっていた。マチという性格上、交換のために集まってくる人たちに対しては、つねに開かれた態度で臨んでいたが、その文化内容とくに精神的な面では農民たちと共有する部分が多かったようである。マチの人々も山奥を神秘的な領域と考え、多くの幻想を抱いていた。

では、金山師や木地師などの視点から、農村や城下町をどうみていたであろうか。その世界は神秘的領域を形成していたのであろうか。この点に関する具体的な調査報告がないのではっきりしたことはいえない。だが、彼らからいえば、盆地底の世界は彼らの眼下に展望することのできる世界であり、「商品」を売りさばき、食料を手に入れるための世界であったので、彼らにとって、盆地底の世界はきわめて現実的で重要な生活社会・生活世界として彼らの世界に組み込まれていたといえるだろう。『遠野物語』七の山男にさらわれた里（盆地底の農村）の女が、里から猟のために山に分け入った者に出会って語った「一市間《ひといちあい》に一度か二度、同じやうなる人四五人集り来て、何事か話を為《な》し、やがて何方《どちら》へか出て行くなり。食物など外より持ち来るを見れば町へも出ることならん」という言葉に、そのことが示されている。

すでに引用したように「遠野では、山と淵と座敷の三つの生活空間の闇の中から話の影がゆらめき出てきた」といい、また「遠野の子どもたちは、二重の恐怖をもっていた。一つは山への、一つは家の中の座敷への恐怖だ」と菊池照雄は述べたが、これは主として盆地底の農民の世界のものであったということを承知しておくべきであろう。

遠野のムラの妖怪伝承に関しては報告も多く、もっと紹介・検討を加えたいのだが、紙面の都合もあるのでこの程度ですませることにする。要するに、私たちは、遠野のムラのコスモロジーが、全国どこでも見いだされるようなありふれた怪異・妖怪文化と、遠野の特異な文化状況を反映した怪異・妖怪文化の二重構造になっていたという点を、しっかり記憶に留めておく必要がある。

遠野のマチの妖怪たち

遠野郷は日本のムラやふるさとの典型のようなところとされているが、右に述べたように、日本の平凡なムラというよりも、きわめて特異なムラであった。そしてその特異性は遠野が交通の要所として発展し、その一方では金山師や木地師あるいは修験者たちの住む山奥の村々を抱えもっていたことに大きな理由があった。そこから閉鎖性と開放性が相半ばする幻想的物語が紡ぎ出されてきたのであった。

こうした点については、多くの研究者たちが繰り返し指摘してきたことであって、とくに目新しい見解であるわけではない。ところが、遠野には、もう一つの重要な妖怪伝承の母体となる生活空間があり、そこからも注目すべき妖怪伝承が語り出されていたのである。それは遠野の「お城下」であった。

すでに触れたように、マチにも大小の差があった。小さなマチでは周囲のムラの妖怪伝承と同様の伝承を共有し、マチであるがために生み出されたというべき独自の妖怪伝承がほとんど見いだされないのであるが、近世後期には人口およそ六〇〇〇人にも達していた遠野城下では、ムラと共通する妖怪伝承とともに、マチであるがためにそうなったと思われるような妖怪伝承も豊富に語られていた。そこで以下では、「マチのコスモロジー」の一例として、遠野のマチの妖怪伝承をのぞいて見ることにしようと思う。

遠野のマチの妖怪伝承は、ムラで語られている伝承を変形させたものが多い。キツネをめぐる怪異伝承はその代表であるが、ザシキワラシもまたそうである。ザシキワラシはムラの旧家の座敷に出没する約束になっていた。というのは、そこが家のなかでもっとも心理的に疎遠な空間であり、暗い空間であったからである。ところが、蔵を建てるような家が現れると、ザシキワラシはその暗い空間を利用して出没するようにもなる。座敷から蔵へと出没場所が変化したことによって、人々はその呼称を「オクラボッコ」と変えるのであった。この「オクラボッコ」はムラばかりでなく、ほぼ同時期に蔵をもったマチの家にも出没するようになったらしい。

『遠野物語拾遺』八八の話は、その一例である。

遠野の町の村兵《むらひょう》という家には御蔵《おくら》ボッコが居た。籾殻《もみがら》などを散らして置くと、小さな児の足跡がそちこちに残されてあった。後にそのものが居なくなってから、家運は少しずつ傾くようであったという。

遠野の町家に住む人たちも「天狗」と出会ったり、「神隠し」にあったり、「キツネ」にだまされたりしていた。しかし、次のような話は、マチの怪異ともいうべき伝承の一つである。

遠野六日市《むいかいち》の鍛冶職《かじしょく》松本三右衛門《さんえもん》という人の家に夜になると何処《どこ》からとも無くがらがらと石が降って来る。それが評判になって町中の者は見物に遣《や》って来たが、見物人の居るうちは何の変った事も無くて、帰ってしまうと又降った。毎朝石を表に出して、昨夜も斯んなに降りましたと見せる程であった。

この現象はいわゆる「ポルターガイスト」の日本版ともいえるもので、近世の江戸でもしばしば発生した怪異現象であった。この遠野の怪異現象は、那須野の妖狐の子孫ともいえそうな、「尻尾が二本に岐《わか》れて何《いず》れも半分以上も白くなって居る古狐」の仕業であったことが判明したという。山のなかでの怪音現象がマチに移植されたものとも解釈することができる伝承である。

同様の怪異・妖怪現象の移植は「山の女」の怪異についても生じている。『遠野物語』三には「遥かなる岩の上に美しき女一人ありて、長き黒髪を梳《くしけず》りて居たり」と語られ、『遠野物語』四にも、同じような女に出会ったために病をえて死んでしまった男の話が載っている。これと同様の女が、明治になってからのこと、遠野のマチの民家に出没したというのである。『遠野物語拾遺』九二は、そんな話である。

遠野の新町の大久田某という家の、二階の床の間の前で、夜になると女が髪を梳《す》いているという評判が立った。両川某という者がそんなことが有るものかと言って、或夜そこへ行って見ると、果して噂の通り見知らぬ女が髪を梳いて居て、じろりと此方を見た顔が、何とも言えず物凄かったという。明治になってからの話である。

この若い女性の妖怪を、遠野の人たちがどのように説明したかは記されていないが、おそらくは幽霊、つまりなんらかの理由でこの世に未練を残して死んだ女の亡霊と説明されたのではなかろうか。というのは、遠野のマチでは、幽霊出現譚がしきりに語られていたからである。たとえば『遠野物語拾遺』一三七の話は、寺町の墓場でつい最近死んだばかりの女と出会い、中の金が尽きることのない袋をもらって急に裕福になったというもので、マヨヒガ伝承の変異版ともいえるような幽霊譚であり、また、『遠野物語拾遺』一五二の話は、現代でもなお多くの伝承が語り出されている臨死状態の子どもの霊が墓場に出現するという、「幽体離脱」現象としての幽霊譚である。

最後に、もっともマチ的な内容の妖怪譚を紹介しておこう。

昔遠野の一日市《ひといち》の某と云う家の娘は抜首《ぬけくび》だと云う評判であった。或人が夜分に鍵《かぎ》町の橋の上まで来ると、若い女の首が落ちて居て、ころころと転《ころ》がった。近よれば後にすさり、近寄れば後にすさり、とうとう此娘の家まで来ると、屋根の破窓から中に入ってしまったそうな。

『遠野物語拾遺』二二九にみえるこの怪異現象は、町のなかの通りが舞台となっている。しかも「抜け首」という類例を見いだせないような妖怪が、この路地を徘徊しているのである。遠野の夜のマチの路地が、マチ独自の妖怪の出没する空間になりつつあったことを如実に物語っている話であるといっていい、まことに興味深い話である。

さて、マチはムラとは異なり、民家が密集しているため、妖怪の出没しやすい空間がきわめて制限されている。それにもかかわらず、このように、妖怪たちは蔵や二階、墓場、路地の暗闇を利用して出没しようとしているのである。人々がそこにも「不思議」を見いだし、その説明としての妖怪を求めていたのである。幕末から明治の遠野のマチは、江戸のような巨大なマチと似たような、つまりマチであるがゆえの妖怪たちを内部に胎生したマチとなっていたのだ。しかし、この注目すべきマチも、鉄道の開通とともに没落していったのであった。

近代以前の地方都市の妖怪研究は、残念ながら、組織的な形では行なわれていない。民俗学者の関心がムラに置かれ、マチについての調査がほとんどなされてこなかったからである。遠野よりももっと規模の大きな地方都市（大きなマチ）では、もっと多くのマチ的な怪異・妖怪伝承が生み出され語られていたはずであるが、その発掘は今後の課題として残されている。上述のマチの妖怪伝承は、ムラとマチの区別なく、遠野ということで採集・記録したもののなかから、マチ的なものを拾い出したにすぎない。その意味では、妖怪の民俗学はまだまだ未熟であるというべきであろう。かつて多くのムラやマチで、さまざまな怪異・妖怪伝承が語られていた。それらは人々の生活文化の一部であり、妖怪たちはそれゆえに生き生きとして闇のなかで跳梁していた。妖怪たちはそれぞれの環境・景観のなかでそれなりに棲息していたのである。

かつての民俗学者は、柳田国男がそうであったように、遠野の盆地に入れば、盆地のあちこちに妖怪の出現する場所を見いだすことができた。おそらく、多くの盆地がその土地の特殊な事情を反映しつつ、同様であったと思われる。水木しげるも、そのような世界を少年時代に体験したのである。私たちの調査している奥能登の七浦の人々もかつてはそうであった。

四　妖怪と都市のコスモロジー

前近代の都市の妖怪たち

近代までの日本は農業を基本的な生業とする国であり、農民たちの生活を描き出すことは日本人の文化の骨格を描き出すことにも等しかった。少なくとも人口比率的にはそうだったといっていいだろう。その一方、比率的には低いが、「都」や「お城下」などと呼ばれる地域いわゆる「マチ」に寄り集まって生活する人々（貴族や武士、職人、商人）は、農民の文化とは異なる文化や歴史を生み出してきた。そうした規模の大きな人口密集地域＝大きなマチを、私たちは「都市」と呼んでいるのである。

このように、都市の前身は「マチ」（町）である。すでに指摘したように、「マチ」は「ミチ」（道）などとも深い関係をもつ語で、区切られた土地のことだとされている。どのような理由から区切られることになったかというと、人々がそこに寄り集まっていたからである。もともとはそのような場所は交易のための「市《いち》」が立ったところだとされているが、「マチ」の形成過程からいうと、城下町、宿場町、門前町、港町などに区分される。こうした「マチ」が巨大化し機能が複合化することで、近代都市へと接続するような前近代の都市が発生してきたのであった。

もっとも、日本の都市は多くの研究者が指摘するように、都市と田園、商業機能と農業機能といった区分が明確ではなく、双方を包み込むようにして発達してきた(28)。柳田国男の場合はさらに、都市民の主要な構成員である庶民の心性さえも農民と変わることはないと考えた(29)。

しかし、都市の住民は一方に農民的生活文化を継承しつつも、その一方では都市民としての生活の営みを重ねることによって都市文化を生成してきたのであった。帝都としての京都や将軍家のお膝元としての江戸はもちろんのこと、城下町を中心とする他の地方都市においても、程度の差はあるが、都市の庶民文化が形成されていた。その庶民文化のなかには、当然のことながら、私たちがここで議論している妖怪文化も含まれている。というのは、都市というきわめて人工的空間に住んでいても、人々から恐怖すべき事柄がなくなったわけでもなければ、「不思議」だと思うような現象が消えてしまったわけでもないからである。

ところで、前近代の都市は農業機能と商業機能の重層した機能をもっていた。このことは都市のなかに農民もいれば商人や職人などの町人もいるということであり、都市の景観も商家や職人たちの家屋が密集する地域と田畑や野原、林などが、混在した様相を示していたということである。したがって、都市の妖怪たちもこうした二重性を帯びていた。農村的つまり田舎的な妖怪がマチつまり町人の領域に浸透して変質したり、その逆の現象がさまざまな形で生じていたわけである。すなわち、都市民の恐怖心を喚起する空間は、都市空間とそれに隣接する農村空間、そしてその背後にある自然空間のいずれにも見いだされたのである。この二重構造は、前章で検討した遠野の城下でもみられたことであった。

平安京の恐怖空間

日本の都市の妖怪の盛衰をたどってみると、このことはいっそうはっきりと理解できるだろう。たとえば、中国の都をまねて造られた平安京も、その内部に田畑や原野を抱えもち、周囲を山に囲まれたいわゆる「小盆地宇宙」であり、京の貴族を中心とする人々は自然と人工の二重構造になった都市空間から生まれたコスモロジーを生きていた。このことは人口一〇〇万人といわれた巨大都市の江戸でも同様であったといっていいだろう。こうした二重構造をもった都市では、妖怪はこの二重性を背景に発生してくる。すなわち、自然のなかから生み出された妖怪と、人工空間のなかから生み出された妖怪の、大きく分類して二種類の妖怪たちが都市を徘徊していた。たとえば、『今昔物語集』などに書かれたころの京都の住民にとって、どのようなところが恐ろしい空間であり、また、そこにどのような妖怪が出没したかを簡単に考えてみよう。

まず念頭に置いておくべきことは、中国の都をまねて計画的に造られた平安京も、右京にあたる区域が湿地であったこともあって、都の中心がしだいに左京のほうに移動していったことである。もう一つ重要な点は、この時代の京都が都市にあたるとしても、宗教施設や門などを除けば、建造物のほとんどは平屋であったことである。さらにもう一つの留意点は、平安中期ごろから陰陽道などの影響を受けて東北の方角を鬼が侵入してくる「鬼門」の方角とする考えが広まっていたことである。そして、こうした空間を生きながら人々はかつての平安京を幻想し続けていた。現実の京都と幻想の京都がないまぜになりながら、京都はいつも人々のイメージのなかで存在していたのである。京都の恐怖空間、妖怪出没空間を考えるとき、私たちは、こうした条件をつねに思い出す必要がある。とくに、京都の人々のあいだでは、「鬼」と呼ぶ存在が京都の怪異・恐怖現象の根幹に位置していた。疫病や怨霊などもこの鬼という表現をとって現れることが多かったのである。
当時の京都の住民が強く意識していた恐怖空間は、洛中洛外《らくちゅうらくがい》を問わず夜の空間であった。昼の京都がどんなににぎわっていたにせよ、夜の闇は京都を恐怖の空間に変えてしまったのである。鎌倉時代末に制作された『長谷雄草紙《はせおそうし》』は、当時の京都の恐怖空間を考える手がかりを与えてくれる資料の一つである。ここに登場する妖怪は鬼であり、舞台は洛中である。

ある日の夕暮れどき、紀長谷雄《きのはせお》が参内《さんだい》しようとしているところに、一人の男が訪ねてきて、双六《すごろく》の勝負をしたいという。興味をもった長谷雄がこの男についていくと、朱雀門《すざくもん》に至る。この門の楼上で双六の勝負をし、男は劣勢になると鬼の形相になった。ついに長谷雄が勝ち、この男つまり鬼から絶世の美女をもらうが、男は百日経つまで女を抱いてはいけないと長谷雄に約束させる。しかし、あまりの美しさに長谷雄がこの約束を破って八十日ほど経ったときに、この女を抱いたところ、女は水になって溶けてしまった。ほどなくして、長谷雄が内裏《だいり》より戻る途中、鬼が約束を破ったことをなじりつつ襲ってきたが、北野天神に祈ると、鬼はかき消すように去った。この鬼は朱雀門の鬼で、この鬼が連れてきた女は、死人の骨のよいとこ

ろを集めて作ったもので、百日過ぎればほんとうの女になったのに、約束を破ったために溶けてしまったのであった。(30)

歴史学者の黒田日出男(31)がこれを「夜の絵巻」と呼んだように、この物語の展開する時間は一貫して夜のこととなっている。鬼は夜に出没したのだ。では、この鬼はどこから夜の洛中に出現してきたのだろうか。

物語はこの鬼が朱雀門に棲む鬼であったと語る。一二世紀初頭の『江談抄《ごうだんしょう》』という説話集にも、朱雀門に棲んでいた鬼が、朝廷の宝とする「玄上《げんじょう》」という琵琶《びわ》を盗んだが、密教の修法《しゅほう》を行なったところ、朱雀門の楼上から縄に結びつけられたくだんの琵琶が降りてきた話がみえている。ということは、朱雀門が人間界と鬼などのいる異界の境界であったと考えられていたことになる。朱雀門は当時の人々にとって、内裏とその外部との平面的な意味での境界であるとともに、垂直的にいっても異界との境界であったのだ。平安京の南の入口にそびえ建っていた羅城門《らじょうもん》や応天門《おうてんもん》なども、同様に妖怪の出没する空間とされていた。

この説話で興味深いのは、鬼が人間を造って人間世界に送り込んでいることである。『撰集抄《せんじゅうしょう》』に語られる説話では、有名な西行《さいぎょう》が鬼が行なうという「反魂《はんごん》の秘術」

で人間を造ろうとして失敗した話がみえている。要するに、これに従えば、当時の人々は、人間には人間が生んだ人間と鬼が造った人間の二種類の人間がいたと考えていたことになる。この秘術がどのような伝統に由来するのかといったことについては、黒田日出男がくわしく論じており、私も別のところで多少検討したので、ここでは、これ以上この点に立ち入ることはやめておこう。

門以外にも、平安京の都市空間には、都市的な恐怖の空間ともいうべき空間が点在していた。古い屋敷や屋敷跡つまり「化け物屋敷」である。『今昔物語集』巻二七第三一の話は、その典型的な例であろう。

参議の三善清行《みよしのきよゆき》は学識豊かで陰陽道までも極めた人であった。五条堀川のあたりに、悪い家だというので、長いあいだ人が住まない荒れた古い家があった。周囲の反対を押し切ってこの家を買い求め、吉日を選んで清行は畳一枚持たせてこの家にやってくる。案の定、夜中になると、奇怪な出来事が次々に彼を襲うことになる。まず、天井からがさがさ物音がするので見上げると、天井の組み入れ格子ごとにさまざまな人間の顔が現れた。清行が騒がずにいると、やがてその顔が消え去った。すると今度は、南の庇《ひさし》の板敷に、丈《たけ》が一尺ほどの馬に乗った者たちが四、五十人出現して、西から東へ移動していった。続いて、塗籠《ぬりごめ》の戸を三尺ばかり引き開けて、高さ三尺ほどの黒褐色の異様な色の服を身につけた、色気漂う女が顔を扇で隠しながらいざり出てきた。清行がじっと見つめていると、しばらくして女は塗籠の方に後退していったが、このときに扇の陰からのぞいた女の顔は、鼻がくっきりとしていて赤味を帯び、銀で作ったような四五寸ほどの牙《きば》が口から突き出ていた。それからしばらくすると、月影のさす庭から淡い黄色の着物を着た翁《おきな》が現れ、ひざまずいて、文を差し出した。清行が「何事か」と問うと、翁は「この家は長年私たちが住んでいるところなので、あなたがこの家に住むことになると困ります」との苦情を述べた。しかし、清行は「正当な手続きをもって私が手に入れた家である。人を脅《おびや》かして住めないようにするお前たちこそけしからんやつだ」と取り合わなかった。翁は「おっしゃるのはごもっともなのですが、行くところがないのです。ただ、大学寮の南の門の東の脇に空地があるので、お許しをえてそこに移動したいのですがいかがでしょう」と尋ねた。清行は「それはけっこうなことだ。すぐに一族を引き連れてそこへ移れ」と答えた。翁が「かしこまりました」と返答すると、四五十人ほどの声がこれに応じた。これ以来、この屋敷には怪異現象はなくなった。(32)

この話に登場する妖怪一族が何者なのかは定かではない。わかっているのは、この妖怪一族は空家や空地をみつけて移動し、そこを占拠する妖怪だということである。

この系統に属する妖怪は『土蜘蛛《つちぐも》草紙《ぞうし》絵巻』[33]にみえる妖怪たちである。これに描かれている妖怪の棲《す》みかは神楽岡《かぐらおか》の廃屋であった。源　頼光《みなもとのよりみつ》が渡辺綱《わたなべのつな》たちと蓮台野《れんだいの》を通ったとき、ドクロが空を飛ぶのを目撃し、その行方を追ってこの廃屋に至る。この廃屋に入ると、次々に妖怪たちが現れては消える。頼光が攻撃してきた美女を斬りつけ、その白い血痕をたどってゆくと、西の山の奥の洞窟《どうくつ》に着き、土蜘蛛の妖怪を発見して退治するというのがこの物語の概要である。この物語の場合は、土蜘蛛の妖怪が廃屋に棲みつき、さまざまな妖怪に変じて出現していたのであった。絵巻をみると、頼光の前に出現する妖怪の多くは道具の妖怪つまり「付喪神」である。土蜘蛛の妖怪が道具の妖怪たちを支配下に置いていたのかもしれない。

『今昔物語集』などにみえる「川原《かわら》の院《いん》」に出現した妖怪は人間の幽霊で、そのもともとの所有者であった源　融《みなもとのとおる》が、その死後に人手に渡ったかつての自分の家に出現したのであった。

このように、平安京の化け物屋敷にはいろいろな種類の妖怪が出没したようである。当時の人々が古い家や破れ屋、空地を恐怖の空間とみなしていたことが、こうした説話からも十分わかるはずである。

平安京の都市空間のなかで妖怪の出没する場所として見逃せないのは、辻であり、橋である。とくに一条戻橋《もどりばし》は、渡辺綱を襲った鬼が人間の女にばけて出現したところであり、また陰陽師の安倍晴明《あべのせいめい》がその使役霊である「式神《しきがみ》」と呼ばれる鬼をひそませていたところだとされ、鬼とつながりの深い空間であった。「あははの辻」と称された二条大宮の辻も妖怪出没の場所として有名で、たとえば『宝物集《ほうぶつしゅう》』の説話によると、九条右大臣がここで百鬼夜行に出会っている。

こうした百鬼夜行の出没・徘徊の説話を検討した国文学者の田中貴子によれば、平安京の鬼には「化け物屋敷型」と「徘徊型」の二つのタイプがあり、徘徊型の鬼たちは、一条大路《おおじ》と東大宮大路が交差する戻橋付近、二条大路と東大宮大路の交差点付近、大内裏《だいだいり》南の門（朱雀門）付近、神泉苑付近に集中し出現しているという(34)。すなわち、平安京の鬼たちは大内裏の東側から白川《しらかわ》あたりにかけての大路をのし歩いていたのである。時代が下った作品であるが、『付喪神絵巻』に描かれた古道具の妖怪たちの祭礼の一行も、船岡山《ふなおかやま》の奥の棲みかから一条戻橋付近で一条大路に入り、西から東へ移動しているときに、関白の一行に遭遇している。これもこうした「法則」に従っていたわけである。都市の路上空間を群行する異形者・妖怪のたぐいのイメージは、昼の都市のにぎわいを反映した幻想であり、まさしく都市の妖怪の典型といえるものであった。

もし私たちが平安時代も終わりころの京の町に住んでいたと仮定すると、私たちは人家の密集する洛中の景観とその外側に展開する山や原野、川などの景観からなる世界のなかで毎日生活していることに気づくはずである。人々は、山や原野、川などには妖怪たちが隠れ棲んでおり、それらが機会をみつけては人間世界・都市空間に侵入し、人々にさまざまな災厄をもたらしたり怪異をみせたりすると信じているとともに、洛中のあちらこちらに恐怖・妖怪空間を見いだしていた。すでに言及した『土蜘蛛草紙絵巻』の物語が、廃屋と洞窟という二つの妖怪出没空間を描き込んでいたように、平安京の「人工」と「自然」という景観の二面性・二重性をよく反映した物語だということができるであろう。こうした二重性を背景に、「酒呑童子」説話や「玉藻前」説話を初めとする多くの妖怪物語が紡ぎ出されてきたのである。

江戸の怪異空間

徳川幕府の開府以後、急速に日本最大の「お城下」として発展を遂げた江戸の町も、京都と同様、都市と田園、商業機能と農業機能、人工と自然といった区分が明確ではなく、双方を包み込むようにして発展してきた。したがって、江戸時代後期には人口一〇〇万にも達したという大都市江戸に出没する妖怪もこうした二重性を帯びていた。もちろん、大坂や京都、金沢などの近世の大都市も事情は同じだったはずである。

近世の都市の妖怪をそれ以前の妖怪と比較したとき、顕著な特徴として指摘できるのは、「鬼」信仰の衰退である。古代から中世の京都では、怪異現象の原因を鬼信仰のシステムのなかに組み入れることで説明しようとする傾向が強かった。たとえば、恨みを抱いて死んだ者の亡霊が出現する場合、その姿を生前の姿で語ろうとする一方で、この鬼信仰のシステムに組み入れて、鬼の姿で出現させるということがしきりになされていたのである。こうした鬼信仰を説き広めたのは陰陽道や修験道《しゆげんどう》の宗教者であり、京都の貴族たちを中心とする知識人たちがこれを支持していた。しかし、貴族の没落にともなう宗教者の没落、あるいは科学的・合理的思考の発達、それをふまえた物質文明の展開などによって、支配者・知識人層は鬼信仰によって怪異現象を説明することを行なわなくなってきたわけである。こうした結果、近世の都市の妖怪現象とその説明は、社会の上層部に属する知識人・宗教者の説明体系によるものではなく、前代からの怪異・妖怪現象から鬼信仰のシステムを剝《は》ぎ取ったような形の民衆的妖怪信仰の継承、あるいは農村から移住してきた人々によって持ち込まれた農村的な妖怪信仰をそれに混合したような、ある意味では素朴な庶民信仰へと変質していたようである。

鬼が夜の都市空間から姿を消した結果、それに代わって登場してきた妖怪の代表の一つは鬼の姿を取らない怨霊つまり「幽霊」たちであり、いま一つの妖怪の代表がキツネやタヌキなどの「動物妖怪」であった。これらの妖怪はいずれも古代からその妖怪ぶりを知られていたが、鬼信仰の衰退にともなって身近に生じる怪異現象の説明として、都市の庶民たちの関心をあらためて引きつけることになったのだ。すなわち、怪異が生じると、それはキツネのせいではないかとか、幽霊（怨霊）のせいではないか、と考えるようになったのである。

日本では、古代からキツネの妖怪によるとされた怪異現象についての記録が伝えられている。能登の七浦でも、遠野でも、京都でも、キツネの怪異譚はまことに多く、近世の江戸の町でもそうであった。近世のキツネ信仰の流布の背景には、農業や商売の神として庶民にもてはやされた稲荷信仰があることはいうまでもないことである。

キツネの妖怪性は大別して二つあり、一つは人に乗り移って病気にするというものである。もう一つは人をばかすことである。つまり妖術で人間にばけたり幻想世界を作り出しそこに人間を誘い込んでしまうことができた。その結果、人間はそれと知らずにキツネと結婚してしまうこともあったわけである。

たとえば、『思出草紙』に、次のような話が収められている。

神田三河町《かんだみかわ》に住んでいた大工が、辻に立つ夜鷹《よたか》ととても親しくなり通いつめていたある日、この女が「私は年とったキツネである。あなたの姿を見かけたのが忘れられず、こうして夜鷹の体を借りて日頃の思いを遂げることができた」と打ち明ける。驚いた大工は再びその夜鷹のもとを訪れることはなかった。やがて近所の人のすすめで妻を迎えた。とてもよく家事をまかなう妻で、男の仕事も順調で、家も急速に豊かになった。ところが、懐具合がよくなった男は、深川の遊女とねんごろになり、妻を追い出してこの遊女を家にいれようとしたところ、妻が恐ろしい形相になって怒り狂い、一度ならず二度までもこの私を捨てるのかと、わめき騒ぎ出し、かつて捨てたキツネが妻の体に乗り移っていたことが判明する。まもなく男は狂い死んでしまったという(35)。

この話には、キツネ女房譚（キツネとの婚姻）、人間への憑依《ひようい》（キツネ憑《つ》き）、家を繁栄させるキツネ、狂死の原因としてのキツネなどのキツネ信仰の諸要素が巧みに織り込まれており、この時代のキツネの妖怪ぶりがよく表現されている。古代では、薬などでは治らない病気は「もののけ」(物の気・物の怪)による病気とされ、その「もののけ」の正体は、神、怨霊、鬼、天狗、キツネのような動物霊など多様であったが、江戸時代には、鬼や天狗がその領域から姿を消してしまったために、キツネや怨霊などにより限定されたものになっていたのである。

また、古代や中世の都市の路上を行進する「百鬼夜行」に代わって登場した、江戸の町を夜行する行列も、キツネたちによって演じられていた。それが「キツネの嫁入り」の行列であった。柳亭種彦《りゅうていたねひこ》の『江戸塵拾《ちりひろい》』に収録されている話を紹介しよう。

八丁堀の本多家の屋敷で今夜婚礼があるとのうわさが近所に流れた。うわさのとおり、夕暮れになると、諸道具を運ぶ人がたくさん出入りしていたが、その夜の九つ前と思うころ、前後に数十人の守護を従えた女の乗り物が、いかにもの静かに本多家の門に入った。どうみても五千石か六千石の身分の人の婚礼の様子だったが、このような婚礼を取り結ぶ人はどこの誰かと不審に思っていたところ、後に聞いた話では、本多家ではまったく知らぬことであった。キツネの嫁入りであったの

だ。(36)

こうしたキツネの妖怪ぶりを伝えるたくさんのうわさがまことしやかに語られていたのが、江戸の町であった。このほかにも、どこからともなく聞こえてくる祭り囃《ばや》しの音をキツネのせいにした「キツネの神楽《かぐら》」や遠くの野原や山裾に点滅する怪火《あやしび》を「キツネ火」といったりすることがなされていて、江戸の町の怪異とキツネは深い関係にあった。もちろん、キツネ以外の動物も怪異の原因とされることがあった。怪音をキツネではなくタヌキのせいにすることもあり、これは「タヌキ囃し」と呼んでいた。行方不明者が出ると、キツネのせいにする場合もあったが、天狗にさらわれたのだと説明したりもした。しかし、圧倒的にキツネが勢力を誇っていた。

ところで、このキツネに負けぬ勢力をもっていたのが、人間の心の内部の「闇」に起源をもつ幽霊（亡霊）であった。『東海道四谷怪談』はそうした民衆文化を背景にして創作され人気を博した芝居である。現代人は、幽霊というと足のない幽霊のイメージを想起しがちであるが、実世界でみたとか気の迷いだと取りざたされる幽霊譚の多くは、生前の普通の姿で現れるのがほとんどで、「うらめしや」と死装束《しにしょうぞく》の姿で出てくることはない。こうした幽霊の画一的イメージは、絵画や芝居が作り上げたものなのである。
江戸の南町奉行も務めた旗本根岸鎮衛《やすもり》が残した随筆『耳袋《みみぶくろ》』に、江戸の町で世間話として語られていた幽霊譚がいくつか収録されている。次の話はその一つである。

天明二年の夏の初め、浅草新《あたら》し橋外の町屋の娘が、ある男の囲い者となって子供を生んだが、産後の肥立ちが悪かった。そこで赤子を近くの町屋に里子に出して養生していたがとうとう亡くなってしまった。その日の夕暮れ、その里親のところにその女がやってきたので、赤子を抱いて見せてやったところ、これを抱き取り、「こんなに可愛らしい子と別れるのはつらい」という。里親夫婦がこれを聞き、「この女は重病だと聞いていたが、こうしてやってくるとはどういうことか」と不審に思った。女は子供を里親に返して帰っていった。その翌日、親元から昨夕、娘が亡くなったという知らせを受け取り、昨夕の女が幽霊であったことを知る。[37]

こうした幽霊譚は現代において語られても十分通用するような内容になっている。母の子に対する情愛がしばしば母の霊魂をこの世に留め、最終の別れをさせたのである。この話で思い出すのが、上田秋成《あきなり》の『雨月物語』にみえる「菊花《きっか》の約《ちぎり》」である。

江戸時代に創られたこの作品の時代設定は戦国時代、舞台は播磨国加古川《はりまかこがわ》の宿場であるが、そこに描かれているのは、右に紹介した幽霊の情愛と通底する幽霊友愛譚である。

加古川の宿場に住む丈部左門《はせべさもん》は、清貧をいとわない立派な学者であった。老母も孟子《もうし》の母に劣らぬ立派な母であった。ある日、病に苦しむ旅の武士赤穴《あかな》宗右衛門を助け、やがて兄弟にも等しい仲になる。病の癒えた宗右衛門は、夏の初め、自分に課せられた武士としての任務を果たすために、しばしのいとまをもらい、菊花の咲く重陽《ちょうよう》の節句までに再び戻ってくると約束して旅立つ。

その日がやってくる。左門は酒と肴を用意し、友の帰りを戸外に出て待ち続けるうちに日が暮れてしまう。それでももしやと夜の更けるまで待ち、もう今日は来ないだろうとあきらめて、戸締まりをしようとしたとき、宗右衛門がやってきた。捕らえられ自由を奪われた宗右衛門は、友との約束を果たすために自らの命を絶ち、亡霊となってやってきたのであった(38)。

これは創作であるが、江戸の人々がこうした幽霊譚をリアリティーのあるものとして受け取った背景には、豊富な事実譚としての幽霊譚や作り話の幽霊譚がもてはやされていたからである。

民衆のなかに生きる幽霊譚は、フォークロアから芝居や小説が創られ、それがまたフォークロアになっていくというものが多い。有名な「累《かさね》」伝説や「お岩」伝説、「皿屋敷」伝説もそうである。たとえば「番町皿屋敷」伝説は、民間伝承の皿屋敷伝説を素材にした実録体の小説『皿屋敷弁疑録《べんぎろく》』（馬場文耕《ぶんこう》）が始まりであったという。その内容はおよそ次のとおりである。

盗賊改めの青山主膳の屋敷は江戸の五番町にあった。主膳は盗賊向崎甚内を捕らえて処刑し、その娘菊を召し使っていた。主膳は非道の男で、その妻も酒好きで、下女の菊の美しさに嫉妬《しっと》していた。この菊が主膳の大切にしていた南蛮皿十枚のうちの一枚を誤って割ってしまった。立腹した青山夫婦は菊の右手の中指を切り落とし、さらに殺してしまおうとも考えていた。これをはかなんだ菊は屋敷裏の古井戸に身を投げて自ら命を絶った。主膳は幕府に菊の死を病死と届けてすませた。しかし、その後まもなく生まれた主膳の男の子には右手の中指が一本なかった。それからのち、毎晩、真夜中から夜明けまでこの井戸から怪光が発し、井戸の底から、一つ、二つ、三つと九つまで数え、悲しやのう、と皿の一枚足らぬことを嘆く菊の声が聞こえるようになった。このために、主膳の家は取り潰しになったが、その後も幽霊が出たため、皿屋敷と呼ばれてこの屋敷に寄りつく人もなかったが、小石川伝《でん》通院《つういん》の了誉《りようよ》上人が菊の亡霊を鎮めて怪異も止み、それ以後は屋敷も旗本が拝領した。

「皿屋敷」が「更地」から生じた伝説だという俗説に注目する宮田登は、藤沢衛彦の研究によりながら、この「番町皿屋敷」の物語が発生してくる背景を次のように説く。

三代将軍家光のとき、五番町に住む五人の旗本の屋敷地二五〇〇坪の地が召上げられ、空地となった。その当時住んでいた御小姓組頭《くみがしら》吉田大膳亮の名をとって吉田屋敷とよばれ、そこにさらに徳川千姫を住まわせたので、吉田御殿としてその名を高めた。しかし千姫死後、御守殿もとりこわされてしまい、二五〇〇坪の空地の更屋敷となる。屋敷内に古井戸があり、かつて千姫が淫乱《いんらん》の相手となった男たちを斬り捨てて埋めた場所と言い伝えられ、人魂《ひとだま》がとびかうと恐れられていた地域だった。しかし更地も武士の人口が増加するに伴って、宅地造成に一層拍車がかけられたため、放置できなくなる。かくて二五〇〇坪の更屋敷もふたたび旗本たちの屋敷替えの土地として使用されるに及び、ここで千五百石どりの青山主膳が登場するのである(39)。

この「皿屋敷」伝説は、怨霊＝幽霊伝説であるとともに、古代の都市空間でもみられた「化け物屋敷」のバリエーションであるとみなせるだろう。都市の妖怪空間として、ますますその重要性が高まってきたのが、このような「化け物空間」であった。すでにみたように、平安京でも人家が増えて妖怪の棲むべき空間が都市の内部に見いだしにくくなり、人家に妖怪が棲みつくようになっていた。人口密度の高い江戸ではさらに状況は悪化していた。したがって、妖怪たちは都市空間の主要な構成要素である人家と路上、そして点在する自然や田園のいずれにも出没し、化け物屋敷の数も増加の傾向を示していたようである。妖怪学者の井上円了《えんりょう》も、化け物屋敷は都市に多い、と指摘しているが、巨大な都市に住んでいてなお妖怪を信じようとすれば、そうなるのは当然のことであろう。

さて、このように、空間論的に江戸の都市を眺め、その市中を歩き回ってみると、あちらこちらに怪異・妖怪出現空間が存在していたことを見いだせる。もっとも、そのような場所の特徴を抽象的に表現すれば、民俗学者の宮田登がしきりに強調するように、辻や橋、町はずれ、化け物屋敷などの「境界」にあたる場所で、これは、江戸に限らず、古代の京都や農村と変わるところはないといっていいだろう。人々の意識する生活空間の多様な「境界」が「異界」との境界ともなっていたのである。逆にいうと、都市空間の至るところにそうした「境界」は存在していた。怪異・妖怪現象の生じるところはすべてそうした「境界」であったともいえるのである。

江戸の市民はこうした妖怪譚を大いに好んだ。積極的に採集し記録し、その一方では「百物語怪談会」を開いて語りあっていた。そうした環境のなかから新しい妖怪文化が、すなわち新しい妖怪説話や小説、芝居、妖怪絵が語り出され描かれたのであった。その産物が『諸国百物語』『御伽百物語』などの「百物語怪談集」であり、鳥山石燕の『画図百鬼夜行』を代表とする「妖怪図絵」であった。それらが当時のメディアを通じて江戸の市中のみならず、全国に流布することで日本の妖怪文化は多様で豊かなものになったのである。

近世は、人間の内部の「闇」に起源を求める妖怪＝幽霊と、自然の「闇」に起源を求める妖怪＝キツネが活躍した時代であったが、しだいに幽霊（怨霊）のほうへと関心が向かっていったようである。というのも、都市の人々を取り囲む空間がますます人工的になり、ますます自然とは離れた人間関係を中心とする世界になっていったからである。

近世の都市は、妖怪論の立場からすると、自然起源の妖怪と人間起源の妖怪たちがその存亡をかけて勢力を競いあっていた時代といってていいかもしれない。

五　変貌する都市のコスモロジー

「闇」の喪失

現代人は「光り」の世界に住むことを好んでいる。暗い「闇」のなかで四六時中生活するなどということはとても考えられないことであろう。「闇」は人々を恐怖させ、その自由な活動を奪い取る。人々は光りを求め、実際、光り輝く太陽のもとで働き、日が暮れて夜の闇が訪れると家のなかに籠った。これはずっと昔からつい最近まで少しも変わることのない事実だった。もっとも、一部の人々は夜が作り出す闇を利用して活動していた。たとえば、夜盗、逢引《あいびき》、夜逃げなどの活動を想起してもらうといいだろう。そうした人々にとっては、闇は人目をさける最良の「装置」であった。しかし、彼らもまた夜の闇を利用はするものの闇を恐れ、太陽がさんさんと輝く光るところで活動することを望んでいたのである。

私たちの先祖は、この世界がもっと明るくなるようにと思い続けてきた。闇が少しでもなくなれば、働く時間も遊ぶ時間も増えるだろう。そうなればこの世で生きることがもっと幸せに感じられるようになるだろうと信じてきた。しかし、そのころは、闇がほんとうになくなってしまうなどということは少しも考えてはいなかったのである。まして、闇があっての光りであり、闇を恐怖し忌避しつつも、闇が私たちの精神生活に必要だ、ということを考えてもみなかったのだ。

私たちはひたすら闇を排除し光りの領域の拡大を積極的に進めてきた。そしていま、私たち現代人は膨大なエネルギーを用いることによって、広大な光りの領域を人工的に獲得し闇の領域の縮小を実現したのである。現代の最良の生活空間とみなされている大都市空間は、夜になっても昼間とそれほど変わることのない明るい光りが輝く空間になっている。それが可能になったときから、これまでみてきたような都市の闇や農村などの闇に棲みついていた妖怪たちは、存亡の危機に直面することになった。妖怪が棲みえないほどの明るい空間が現出することになったからである。

一〇〇年ほど前の日本の住居の照明は、囲炉裏の火とロウソクの明かり程度のものであった。家のなかの至るところが暗い夜の闇に支配されていた。まして戸外の道路には祭礼のときなど以外には、なんの明かりの設備も存在していなかった。夜道を往来するための最高の明かりは月明かりであり、闇夜の晩は松明《たいまつ》か提灯《ちょうちん》の明かりが頼りであった。最近では停電もほとんどなくなったので自宅でロウソクを非常用に常備している家も少なくなったが、かつて日本人にとってロウソクは大切な日常用品だった。

たとえば、能登の七浦では、葬式の香典をロウソク代と称している。それは葬式や仏壇用のロウソクを持参するということだけでなく、ロウソクが米と同じように貴重なものであったことを物語っている。しかし、昭和になり電気が利用できるようになると、ロウソクに代わってしだいに米や現金になってくる。電灯の登場は日本文化にとって革命的なできごとであった。

しかし、電気が通っても、電灯が灯る部屋や場所は限られ、それを維持するに必要な現金の用意も容易でなかった時代もあった。停電もしばしば起こり、近代になっても長く夜の闇は人々の生活を支配していたのである。人々が大量のエネルギーと電気器具によって、家のなかの空間をすべて明るい空間に作り変えるようになったのは、高度成長期以後のことである。大都市の繁華街はネオンサインやショーウインドウの明かりで満ちあふれ、住宅地の街路も街灯が路上を照らしている。いまや夜の闇は制圧されてしまったのである。

たしかに、都市部では闇は消え失せてしまった。しかし、山深い山村では、電気こそあるものの、都会ではもはや死語になってしまっている「鼻をつままれてもわからない」という言葉を肌身をもって感じさせてくれる深い闇が生きている。こうしたところに出かけて学生たちと調査をするとき、かならずもっていくものの一つに懐中電灯を挙げる。夜に出歩くとき懐中電灯が必要であるという習慣をもたない現代のほとんどの学生たちには、非常用程度のことしか思い浮かばないのだが、調査地に入って夜を迎えて、初めて私のいった意味を理解することになる。集団で歩いていても、懐中電灯の明かりをすべて消してしまうと、隣にいる者さえまったく見ることのできない漆黒の闇に放り出されてしまうのを体験するからである。そのような闇に包まれた者は、おそらく一歩足を踏み出すことでさえたいへんなことを知るであろう。このとき、学生たちはほんとうの闇に恐怖する。

そうした闇を知る者にとって、たしかに、明るいことはいいことである。いつでも働ける。いつでも勉強できるし、遊ぶこともできる。移動も容易である。強盗や痴漢も減ることだろう。夜の闇から解放されることで私たちはじつにたくさんの自由を手にしたのだ。しかし、その一方で、私たちは毎日の生活の半分を占めていた夜の「闇」の空間を失い、それが生み出していた「闇」の文化を失ってしまったことも忘れるべきではない。それは好ましいことだったのか。私たちが制圧し排除してきた「闇」の文化のなかに私たちの生活に必要なことも含まれていたのではないか。そう問い直してみるのも、けっして無駄なことではないだろう。

私たちの身の回りから「闇」がなくなりだしたのは、いつのころからだろうか。地域によって違いがあるのは当然であるが、文学者の鋭い感性で「闇」の喪失の危機を感じ取った谷崎潤一郎が、『陰翳礼讃《いんえいらいさん》』という文章のなかで「私は、われ〱が既に失いつゝある陰翳の世界を、せめて文学の領域へでも呼び返してみたい。文学という殿堂の檐《のき》を深くし、壁を暗くし、見え過ぎるものを闇に押し込め、無用の室内装飾を剝ぎ取ってみたい。それも軒並みとは云わない、一軒ぐらいそう云う家があってもよかろう。まあどう云う工合になるか、試しに電灯を消してみることだ」と書いたのが、昭和の初めのことであった。もうこのころには、闇の喪失が目立ったものになってきていたのである。その文章のなかで、谷崎は妖怪の出現しそうな室内の陰翳のある闇について、こう書き記している。

現代の人は久しく電灯の明りに馴《な》れて、こう云う闇のあったことを忘れているのである。分けても屋内の「眼に見える闇」は、何かチラチラとかげろうものがあるような気がして、幻覚を起し易いので、或る場合には屋外の闇よりも凄味がある。魑魅《ちみ》とか妖怪変化とかの跳躍するのはけだしこう云う闇であろうが、その中に深い帳《とばり》を垂れ、屏風や襖を幾重にも囲って住んでいた女と云うのも、やはりその魑魅の眷属《けんぞく》ではなかったか。闇は定めしその女達を十重二十重に取り巻いて、襟や、袖口や、裾の合わせ目や、至るところの空隙を塡めていたであろう。いや、事に依ると、逆に彼女達の体から、その歯を染めた口の中や黒髪の先から、土蜘蛛《つちぐも》の吐く蜘蛛のいとの如く吐き出されていたのかも知れない(40)。

谷崎が嘆いているのは、「眼に見える闇」の喪失であって、「眼が効かない漆黒の闇」の喪失ではない。燭台《しょくだい》や行灯《あんどん》の明かりとその明かりの陰にできる闇とがほどよく調和したところに日本文化の美しさを見いだし、明る過ぎる電灯によってそうした陰翳のある世界が消失しようとしていることを憂い悲しんでいるのである。すなわち、明かりのない闇も好ましくはないが、闇のない白日のような過度の明るさも好ましいことではなく、光りと闇の織りなす陰翳ある状態こそ理想だというわけである。谷崎はそこに日本の美の理想的姿を見いだした。しかし、陰翳の作用の重要性はその配合調和の度合いに多少の違いはあるにせよ、美のみではなく、日本人の精神や日本文化全体、さらにいえば人間全体にとっても重要なことだといっていいのではなかろうか。

谷崎の文章からもわかるように、光りと闇の、ときには対立し相克し、ときには調和するという関係が崩れ、急速に闇の領域が私たち日本人の前から消滅していったのは、電線が全国に張りめぐらされていった大正から昭和にかけての時代であった。この時代に大正デモクラシーという名のもとに、近代化の波が庶民のあいだにも押し寄せ、その一方で、人々は資本主義・近代的消費社会のシステムのなかへ編入されていったのである。銀座にネオンが輝き、『東京行進曲』が明るい大都会の明るいイメージをアッピールし始めたころである。そのころから高度成長期にかけて、戦争という緩慢期はあったものの、闇の領域が人々の身辺から消え、それとともに多くの妖怪たちの姿も消え去ってしまったのである。

大正時代に流行った童謡に西条八十《さいじょうやそ》の『かなりや』がある。「唄を忘れた金糸雀《かなりや》は、後《うしろ》の山に捨てましょか、いえいえ、それはなりませぬ」というフレーズのこの歌を、私たち現代人もときどき思い出し口ずさむことがある。この歌の「かなりや」が海の向こうからやってきた西洋の文明を象徴しているとすれば、「後ろの山」は人間の完全な管理下に置かれた山でなく、それ以前の「闇」の領域としての恐怖に満ちた山であった。この「後ろの山」は自分の家のすぐ裏手の山であったかもしれないし、小盆地宇宙モデルでいう周囲の山であったかもしれない。あるいは近くの森や林や野原だったかもしれない。いずれであったにせよ、この「後ろの山」は前近代が抱えもっていた深い闇の恐怖空間であった。こうした「後ろの山」や「背戸《せど》」という言葉で表現される空間が、当時の子どもたちにとって、さらには大人たちにとっても謎めいた闇の空間としてまだしっかり生きていたのである。児童文学者の村瀬学は、『子ども体験』という本のなかで、次のように説いている。

子どもたちの直面する空間には、常に「向う側」「背後」があって、それがよくわからないと不安になるのである。仏壇や納戸の恐さは、その暗さが特有の「向う側」を隠しもっている感じがするからである。(41)

しかし、これは子どもたちだけではなく、大人たちにとっても同様であった。「かなりや」のような明るさと暗さが漂う大正童謡が流行った理由の一つは、それが子どもたちに向けての歌であると装いつつ、じつは大人たちの心情に訴えかけるように仕組まれていたからである。それゆえ大人たちの心を揺さぶり支持されたのである。

大正童謡には、近代資本主義システム・科学文明のなかに人々が編入されて新たな文化環境を受容していく過程で消滅しつつあった「闇」や民俗社会・伝統的社会の古層からの「声」が託されているのだ。このことを見事に分析したのが朝倉喬司《きょうじ》であった。彼もまた、「後ろの山」とか「背戸」といった大正童謡にたびたび登場する言葉には、民俗社会のわらべ唄『かごめかごめ』に歌われる「後ろの正面」とも通底する「闇」つまりは「死」の領域を想わせる不気味な響きが託されているという。

説明するまでもなく背戸は家の裏側のこと。平野部のムラであれ山村であれ漁村であれ、家はその表側を都市へつづく街道、あるいは街道へつづく小径に向けており、裏に山や藪、森、原野を背負っている。夏にはそこを青大将が這い、鳥が小枝をぬい、秋も深まるころには狐も出没しはじめるだろう。蛇や狐くらいならまだいいが、夜ともなれば天狗だの一つ目小僧だの、子泣きジジイや砂かけババァ、妖怪変化、魑魅魍魎《もうりょう》のたぐいが、そこへおしよせてくる。おしよせてきて、寝る子の夢の中にまで侵入してくる。背戸が山に接しているのであれば、山は柳田国男がいうようにムラビトが死後に行く場所であり、目の色の違った異人の領域でもある。

家の表側が人間界に開けているのに対して、背戸は、民俗の古層に広がる異界、あるいは他界との「境」なのである(42)。

朝倉はとても重要なことをここで述べている。すなわち、大正期の都市の住民には、民俗社会・前近代社会のなかにまだしっかりと一定の領域として固定されていた、聖なる固定点ともいうべき「後ろ」の空間、「死」もしくは「闇」の空間の存在が心身の双方に記憶されており、したがって大正童謡はそうした記憶に働きかけることができたのであった。東京のような大都市でさえそのような空間を内部に抱えもっていたし、まして地方からやってきた人々にとって、この童謡がはらむ二重性・二律背反性は自分たちの抱える問題でもあったといっていいだろう。しかし、昭和に入ると、『東京行進曲』が典型であるように、「光り」や「明るさ」が前面に押し出てきて「後ろの山」や「背戸」は人々の意識からしだいに消え去っていくことになる。

「後ろの山」とか「背戸」といった空間は居住空間としての家のレベルで意識された「闇」の空間であるが、これをより抽象的に表現したものが「奥」という観念であろう。「奥」は「表」や「前」にある程度対立する言葉であるが、「裏」や「後ろ」に対応する概念ではなく、「表」や「前」からの「深さ」ないし「距離」をともなった「裏」や「後ろ」である。「奥座敷」「奥山」「奥義《おうぎ》」「奥宮《おくみや》」「奥の院」といった言葉には、神秘的で閉ざされた「闇」の空間・領域といった意味合いが暗黙のうちに含まれている。「奥」は身体的・生理的体験を通じて把握される。それは身体によって感受される空間の陰影であり、厚み・深みである。
建築家の槇文彦は、日本人にとってのこうした「奥」の意味を、神社空間を例に取りながら、次のように見事に解き明かしている。

〈奥〉は水平性を強調し、見えざる深さにその象徴性を求める。したがって到達した極点としての神社そのものは見る対象であり、入りこむ空間ではない。屋根の棟木《むなぎ》は神木《しんぼく》を表し、廻廊はかつて神柱をとりまいた柵を意味するのであろう。神社そのものは背後の深々とした樹木にくるまれてひっそりとたっている。深山《しんざん》であれば、時折上方から舞い降りてくる靄《もや》の中に社《やしろ》そのものの存在がかき消され、われわれを無情の世界にさそいこむ。（中略）〈奥性〉は最後に到達した極点であるが、極点そのものにクライマックスはない場合が多い。そこへたどりつくプロセスにドラマと儀式性を求める。つまり高さでなく水平的な深さの演出だからである。多くの寺社に至る道が屈折し、わずかな高低差とか、樹木の存在が、見え隠れの論理に従って利用される。それは時間という次数を含めた空間体験の構築である。神社の鳥居もこうした到達の儀式のための要素にほかならない(43)。

こうした「奥」の演出は寺社空間にとどまらず、ムラやマチの集落の構成や家具の構成の仕方にも表れていた。里と山、集落と鎮守の森、居間と奥座敷といった関係は、まさにこうした「奥」の演出であったといっていいだろう。そして、この「奥」が「闇」の領域と重なり合い、そこに妖怪が棲みつき、あるいは出没する空間となっていたのであった。だが、こうした「奥」を演出していた空間も、西洋の科学文明の浸透や都市化・開発とともにしだいに破壊され消滅していったのである。

こうした徐々に進行していた都市化による「闇」や「奥」の領域の衰退・消滅がクライマックスに達したのが、高度成長期だった。戦後まもなく生まれた私は、日本の高度成長とともに生きてきた。そのような私が記憶している恐怖のイメージを帯びた風景の一つは「原っぱ」(広っぱ)である。「原っぱ」は高層ビルや集合住宅のあいだにできたような空間ではない。それは高度成長期に、都市化・開発に取り残されていた農村的空間・景観の切れ端であって、都市のなかで独特の空間を形成していた。それは最後まで残っていた「奥」の空間の破片であり、前近代の伝統文化の手垢がしみついている空間であり「闇」の記憶を感じさせる空間であった。

奥野健男はこの「原っぱ」を「ぼくの故郷の断片」と評して、なつかしさに満ちた言葉で次のように語る。

ぼくの記憶の中にあらわれる〝原っぱ〟は、なつかしさとともにいつもかなしさ、寂しさを伴っている。その底には不吉なおそろしさまで感じられる。（中略）それは〝原っぱ〟が都市の生活から都市化から疎外された空間であるがためだろう（中略）当時の〝原っぱ〟にはどれも不吉なかげがあった。人が殺された場所で幽霊が出るとか、お化け屋敷の跡とか、隅の古井戸や祠や老樹にまつわる怪談とか、掘れば人骨が出てくるとか、人魂が出るとか、七不思議の池があるとか、夕方になると人さらいが出るとか、ぱっとひらけば赤マントの黄金バットに出会ったとか、幼い子供たちをおびえさせるに十分過ぎるような噂が〝原っぱ〟をめぐってささやかれた。人さらいだと子供からおそれられていた大きな籠を背負ったバタ屋が、〝原っぱ〟に小屋掛けしてそのまま居着いてしまうこともあった。(44)

こうした「原っぱ」が都市から消え、それに代わってそこに現代的な建物や児童公園や駐車場などができたとき、都市の「近代化」が終わったのである。

妖怪の近代

近代から現代に至る百数十年は、妖怪たちにとってまさに存亡の危機に直面した時代であった。危機は複合した形で襲ってきた。

まず、西洋から輸入された新しい知識や科学的合理主義の考え方にしたがって、怪異・妖怪現象の類の多くが合理的に説明され、そうした現象を霊的存在や神秘的力によって説明することが否定されることになった。たとえば、幽霊は幻覚・気の迷い、「タヌキ囃し」のような怪音は遠くの祭り囃しの音が風の関係などで近くから聞こえるように感じられたもの、キツネ憑きによる病気は精神病、等々というように次々に否定されていった。妖怪博士との異名をとった哲学者の井上円了《えんりょう》は、そうした妖怪撲滅運動の急先鋒であった。井上は驚くほど多くの妖怪談を書物や新聞・雑誌、さらには実地調査によって、採集・検討し、その正体を科学的見地から説明を加えている。

たとえば、彼は実際に「化け物屋敷」とされていた屋敷を調査した結果を、およそ次のように報告しているが、この一文に彼の妖怪研究の基本態度がおおむね示されている。

私は、昔、越後である田舎の妖怪屋敷を探検したことがある。その家は大きな茅《かや》葺《ぶ》きの家で、裏には深い林と墓場があるだけであった。越後は雪の多いところだが、その雪がようやく消えようとする季節に、毎夜、家の後ろの方で、拍子木《ひょうしぎ》を打つ音がするとの評判が立った。この家に集まった者が全員、この音を聞いて恐怖して帰り、タヌキの拍子木だとうわさしあった。これを聞いた私が探検に出かけ、その音を聞いてみた。私にはタヌキの仕業とは思えなかったので、この家の後ろ側を調べてみたところ、雨だれが落ちるところに大きな竹の筒があり、屋根の雪がとけてこの筒に一滴一滴落ち込んで発する音であることがわかった。昼は世間の騒がしさに紛れて音が聞こえないが、静かな夜になると聞こえだすのである。これをタヌキの拍子木などというのは滑稽ではないか。(45)

井上は万事この調子で妖怪の正体を合理的に説明する。これはこれで大いに評価すべきである。もし私が彼の立場にあったとしても、同様の行動をしていたであろう。しかし、その一方で、私はこの竹筒に落ちる雨だれの音をタヌキによる怪音と判断する、この地方の人々のコスモロジーをも調べるであろう。怪音が聞こえてくる空間が夜の「背戸」の闇からであり、その闇の奥に妖怪タヌキが棲んでいる。この地方の人々はそう信じていたのである。そのようなコスモロジーを、井上は破壊していったのである。科学的思考とはそのような思考であった。そして多くの科学者のそうした絶え間ない努力によって、妖怪を信じる「迷信」から、私たちは解放されたといっていいだろう。それが近代であった。

ところで、妖怪にとってもっと深刻なことは、前節で述べたように、明るい電灯が大都市から地方都市、住宅の居間からその他の部屋へと普及していくことによって、かれらの棲息していた「闇」の空間・「奥」の空間が徐々に後退し消滅していったことである。ザシキワラシが出没した暗い座敷に明るい電灯がいつでも灯るようになれば、ザシキワラシも出没しにくくなるのは当然であろう。夜の深い闇も電灯によってしだいに克服され、都会の路上からも妖怪は追放されてゆくことになったのであった。

電灯が「闇」を克服するということは、その「闇」をめぐる、もっと正確にいえば「闇」と「光り」が織り上げる領域をめぐる想像力の源泉の一方が消滅してゆくことでもあった。つまり、「闇」から紡ぎ出されるうわさ話や物語が人々の周囲から消え失せていったわけである。「光り」の領域の増大に反比例して、妖怪の空間は縮小していったのである。すでに引用したように、谷崎潤一郎はそこに日本美の危機を読み取っていたのだ。

さらに深刻な事態が妖怪たちを襲うことになった。「開発」である。前近代までは都市においてさえ、田園や森林が人々の周囲に存在し、そこが妖怪の棲みかとなっていた。実際、キツネやタヌキ、蛇がたくさん棲息し、徘徊していた。しかし、そのような場所がどんどん開発されて、工場や住宅地になり、妖怪空間は人間の住む空間、人間の支配する空間に変貌していった。神社や寺院の周囲の森や墓場さえも、経済合理主義の立場から開発されて、建物やアスファルトの道路に変えられて、人間の領域・「光り」の領域に組み込まれていった。その結果、妖怪のみならず多くの植物や動物たちも、その生活場所を奪われてしまったのである。かつて厳かな気分に浸ることのできた、うっそうとした森に包まれた「奥」を十分に感じさせてくれた神社が、開発のために森を失って、住宅や幼稚園や駐車場に囲まれた状態で存在しているのに遭遇し、嘆きの声をあげた人はきっと多いことであろう。

こうした開発によって作り出される空間は、合理性を追求した建造物によって占められた陰影を欠いた均質的な空間である。聖なる固定点がどこになるのかがはっきりしない空間、つまり「奥」や「後ろの山」がない空間なのである。もちろん、均質な空間といってもそこに個性的な建物がないというのではない。むしろ個々の建物は多様であって、伝統的な集落の家のほうがずっと画一的である。しかし、近代以降の建物は聖なる固定点を失ってしまっているために、まとまりのない建物の群立でしかない。均質空間はなんでも受け入れるが、それらは長く人々の心のなかに記憶されることが少ない。その空間のなかでは、次々に新しい建物が消費されていくだけなのである。人々はそこに一時的に住み、すぐ別のところに移っていく。そのような空間に妖怪が棲むことは容易なことではないのは明らかであろう。

近代の進行にともなって多くの前近代の妖怪たちは撲滅されていった。それでも、妖怪たちはさまざまな困難に直面しつつも、人々の、とくに子どもたちの心のなかに生きる「闇」・恐怖心を頼りに生き続けようとしてきた。

たとえば、妖怪タヌキの近代化への抵抗は「偽汽車」という話として伝えられている。松谷みよ子の編集した『現代民話考』のなかから、その話を紹介しよう。

信越線が信州まで行き始めた頃のこと。或る夜、汽車が軽井沢駅を出て、碓氷《うすい》トンネルを越え、横川《よこかわ》駅に向かっていた。すると、松井田《まついだ》駅のほうから、全く同じような汽車が、こっちへやって来る。夜なので誰がのっているかわからなかった。が、両方の汽車は正面衝突した、と思ったら、松井田町のほうから来た下りの汽車の姿は、スウーと消えた。車掌が上りの汽車からとび下りてそこいらを見廻した。

そこには、むじなが死んでいた。(46)

大正期を頂点に明治から戦後しばらくまで各地で語り伝えられた話で、化け比べをする妖怪タヌキの伝承と新しい文化である鉄道とが結合する形で造り出された妖怪譚＝笑い話である。おそらく、汽車の機関士たちのあいだから語り出されたのだろう。当時の彼らには夜の闇はなお恐怖の空間であり、タヌキも妖怪として生き続けていたのである。

妖怪の仲間で、もっとも粘り強く生き続けているのが幽霊である。幽霊は都市においてもしきりに出没していた。今日でもなおまことしやかに語られている、乗せた客が消えるというタクシーの幽霊の先行形ともいうべき話に、「幽霊を乗せた人力車」の話がある。これも『現代民話考』のなかから、青森で採集された話を紹介しよう。

明治の頃、某家は大繁栄していた。成金につきものが女。そのためにたくさんの女が犠牲になったと云う。ある人力車夫が、人力車を引いて八ツ役を通って青森へ向かっていたとき、妙見のガンドウ橋の所に、すっと女の人が立っていて、人力車にむかって手まねきした。女は無言のまま乗り、浜田、奥野、松原を通り某家の門前に来ると、女はスウッと人力車からおり、その家の門内に消えた。ハッとした車夫は、お金をもらおうと某家の玄関をたたくと、女中が出てきて、誰も家に来ませんよといった。車夫は、さてはここの主人にだまされた女の亡霊が来たんだなと、身体がゾクゾクして来たという(47)。

このように、日本人の物質的生活様式が大きく変わり、価値観も、西洋の科学文明の影響を受けて変容しつつあった近代という時代にも、一部の妖怪は農村部はもちろん、都市部においても、時代の変化に対応しつつ、つまりタヌキが汽車に化けたり、幽霊の呼び止める乗り物が駕籠《かご》から人力車や自動車に変化しつつ、活躍していたのである。当時の人々のどの程度がこうした妖怪譚をほんとうのことだと信じていたのかはわからない。だが、それを信じる心性をもった人々には、「光り」の領域が拡張しつつあった世界にも、妖怪の棲息する場所やその姿がかいま見えていたようである。その場所は都市のなかの荒れ果てた空家やいわくのある部屋、天井裏、あるいは人力車や自動車、汽車、辻、橋など、さまざまなところであって、この場合も、やはり彼らの心が把握した「境界」ということになるだろう。しかし、そうした空間さえも明るい清潔な、人間の管理の行き届いた空間に変えられつつあったのも事実である。

ここで注目したいのは、科学的知識の普及と自然の開発にともなって、この時代になって、キツネやタヌキ、ネコなどの化ける動物妖怪の姿が都市部から急速に姿を消してゆき、妖怪話のほとんどが、幽霊系の怪談によって占められるようになることである。それは未知の部分をたくさんもっていた周囲の自然環境が開発されて、人間の管理下に移されていくことと関係している。つまり都市の時代、人間中心の時代の到来をよく物語っている現象であろう。

もっとも、近代以降、都市部ではこうした「闇」の喪失や妖怪撲滅運動、開発の進展も、高度成長期までは都市から離れた農山村地域の妖怪たちにはそれほど深刻な事態を引き起こすまでには至っていなかったといっていいだろう。都市化の波が押し寄せてきてはいたものの、それでも、そうした土地に住む人々は先祖が語り伝えてきた信仰や伝承をしっかりと守り伝えようとしていた。『遠野物語』の時代の遠野も、能登半島の七浦の古老たちの幼少年時代も、そして水木しげるの少年時代の境港の町も、そして多くの小さな町や農山村・漁村地域のほとんどがそうであった。人々は「もう一つの世界」を想定して生活していたのであった。大都市のなかでさえ、わずかに残る「原っぱ」を手がかりに、その努力がなされていたといっていいだろう。

しかし、高度成長期以降、つまり昭和三〇年代以降になると、こうした地域の妖怪たちの状況にも深刻な危機が訪れるようになる。都市化の大波つまり情報化社会の波が押し寄せてきたのである。ここでいう都市化とは、農山村が都市になるということではない。もちろん、大都市近郊の農村の場合は拡張を続ける都市のなかに呑まれていくということもあった。しかしながら、大都市から遠く離れた地域の都市化とは、都市の住民たちと同様の物質文化を享受することができるようになっていったということである。テレビ、洗濯機、冷蔵庫、自動車、LPガス、近代的な住居への改築・新築、電動式の農機具などがどんどん農村に入って、「明るい農村」に変わっていったのだ。

とくに教育の充実と大都市と同じ情報をテレビやラジオを通じて知ることができるようになったことの意味は大きかった。すなわち、東京などの新しい文化・風俗と自分たちの伝統的文化・民俗を比較する視点が生まれ、「強い文化」つまり便利で気楽な「豊かな」都市文化に、結局のところ同化していくことを選んだのであった。その結果、伝統的な地域文化は棄てられたり変容させられたりすることになった。もちろん、彼らの伝承してきた妖怪文化も、同様の運命にさらされることになったわけである。

もっとも、都市の住民が近代的文化を享受しつつも、なお妖怪を信じる心性を抱いていたように、農山村の住民が都市化の波に呑まれて近代の均質的物質文化を享受するようになったとしても、妖怪を信じようとする心性を保持し続けているかぎり、なお夜の深い闇が周囲に広がっているので、都市の住民よりははるかに強固な妖怪文化をもち続けることができたはずであった。民俗学や人類学の調査結果は、そのことをはっきり物語っている。

だが、多くの農山村地域では、妖怪文化、いやそれを含む伝統的文化に決定的ともいえる危機が生じていた。妖怪文化の担い手、伝統文化の担い手となるべき人々が、生まれ育った土地を離れて都会に移り住むという、いわゆる「過疎化」が生じてきたのだ。妖怪を信じる人が少なくなったというだけではなく、さらに事態は進行し、多くの農山村に人そのものがいなくなりつつあったのである。現金収入の道がきわめて限られている農山村では、子弟の多くは東京や大阪などに職を見つけて故郷に戻って来なくなっていた。戻りたくとも職がないのである。そのようなところでは、妖怪も同様に死滅しつつあるといっていいだろう。

妖怪は人々の心が生み出す存在である。人々が心に「闇」を抱えもち、人々がさまざまなことに恐怖する心性をもっているかぎり、人々は妖怪を生み出し続けるはずである。では、いま、人々はどこにいるのだろうか。妖怪はどこにいるのだろうか。

その答えははっきりしている。もちろん、それは都市である。日本の人口の大半が集中している大都市こそ、妖怪の発生しやすい空間なのである。だが、すでに見たように、大都市は、近代以降、激しい妖怪撲滅＝否定の運動・教育が推進されてきたところであり、妖怪の出没しやすい「闇」も消滅してしまっている。そのような大都会にも、妖怪は出現可能なのであろうか。

六　妖怪と現代人

妖怪の存立と前提条件

高度成長期以降の都市の住民、ということは私たち現代の日本人はどのようなコスモロジーをもっているのだろうか。

現代の妖怪を考えると、とりわけ注意しなければならないのは、実生活のなかで妖怪の存在あるいは妖怪・怪異現象の存在を信じているという次元と、小説やマンガ、映画やアニメなどフィクションのなかの妖怪たちを愛好するという次元を区別しなければならないことである。両者が関係しあっていることはたしかである。実生活の次元での妖怪現象の多発が、フィクション次元での妖怪の創造をうながすだろうし、その逆のことも考えられるだろう。しかし、幼い子どもたちは別として、多くの現代人は、『ゲゲゲの鬼太郎《きたろう》』に登場する鬼太郎や目玉おやじや『となりのトトロ』のトトロやススワタリが現実の世界に出没しているとは思っていない。こうした作品の妖怪たちが、かつての民俗社会＝田舎の実生活において信じられていた妖怪に素材を求めて作り出されたものであり、作品の内容もそうした文化環境をふまえたものになっている、と理解しているはずなのである。

こうした区別の設定は、前近代の都市の妖怪や田舎の妖怪を考えるときにも必要な作業であるが、前近代において両者は現代よりはるかに互いに影響・浸透しあった関係にあったといっていいだろう。つまり、その境界がきわめてあいまいだったのである。とはいえ、私はこれまでの議論をできるだけ実生活に生じる妖怪・怪異現象や存在に焦点を合わせる形で展開してきた。著名な妖怪変化の類がほとんど登場してこなかったのもそのためである。

たとえば、大江山に棲む酒呑童子という鬼は『大江山絵巻』などで語られている物語であって、実世界でそのような鬼に出会ったという人は一人もいない。つまり大江山に棲む酒呑童子とはフィクションのなかの妖怪であって、『ゲゲゲの鬼太郎』の鬼太郎と同じ次元に属しているわけである。そのような物語が作られ、人々に愛好されたということの考察は、もちろん重要なことである。実際、私もこれまでその意味の考察を別のところでくわしく試みたことがある。しかし、この第一部では、実生活の妖怪のほうに視点を注いできたので、現代の妖怪についても、同様に実生活のほうに目を向けて検討を加えるのが道筋というものであろう。

さて、現代都市の妖怪を考えるとき、念頭に置いておくべきいくつかの前提条件が存在している。これまでの議論からすでに浮かび上がってきているものもあるが、確認のためにそれも含めて列挙しておこう。

まず、歴史・文化の進展とともにその領域が拡大していた妖怪存在や妖怪現象を否定し、そうした存在・現象を合理的に説明しようとする考え方が、西洋の科学的知識の導入によって近代になるとさらに強化される。つまり、現代の科学者・知識人はそうした存在・現象を否定しているのである。したがって、多くの庶民たちも、彼らの教育や自分たちの積極的な学習によって妖怪現象を否定する考え方に基本的には従っている。いいかえれば、前近代からの伝統的な妖怪存在を全面的に信じている人は、きわめて少ないといっていいだろう。たとえそのような妖怪現象に遭遇したとしても、それを妖怪の類の仕業だと信じていることを公然と語ることは、控えざるをえない状況になっているのである。その意味では、近代以降の妖怪撲滅＝否定運動は大きな成果を収めたといっていいだろう。

次に指摘したいのは、現代人の生活空間の変化である。かつての日本の都市は商業機能（建物・人口密集地域）と農業機能（農村地域）の双方を合わせもっていたが、近代以降の都市の発展は前者の機能が後者の機能を侵食し、都市の全体が建物や舗装道路、公園などの人工空間で占められているのである。すなわち、都市空間には本来の自然はなく、人工物が「第二の自然」として人々を取り囲んでいるわけである。これまでの日本人が体験したことのない、まったく新しい景観がそこには展開しているのだ。

さらに次の点も重要である。それは、巨大な現代都市に生きる人々がすべての人々に共有されているコスモロジーを所有していないことである。かつてのムラやマチには、そのレベルでの住民の共有するコスモロジーが存在していた。さらには「小盆地」単位でもそうした共有されたコスモロジーが存在していたといっていいだろう。すなわち、住民たちを結集しうるシンボルを所有していた。その意味でムラやマチは組織化された集団＝共同体であった。しかし、現代都市はそうした共同体を構成してはいない。その内部に多くの錯綜する集団や人間関係のネットワークが存在しているが、それらが互いに関係し秩序づけられて存在しているわけではない。大量生産によって作り出された物質文化を享受し、さまざまな学校で教えられる知識を習得し、マスメディアが送り出す情報をキャッチしつつ、人々は個々人の努力によって自分自身のコスモロジーを作り上げているのである。

もちろん、その内容は多くの場合似通っている。しかし、人々はその類似よりも差異のほうに自分自身のアイデンティティーを見いだそうとする。少なくとも、そうふるまおうとするのである。隣に住んでいる人と自分の考え方・価値観が同じであるということはめったにない。家族という現代の共同体のなかでさえ考え方や価値観の一致を見いだすことが困難なのである。現代都市において、人々は同じ価値観を共有していると思う人々を探し求めなくてはならないわけである。もっとも、そのような人々を見いだしたとしても、個人の一方的な思いこみであったり、相手の考え方が部分的に一致するだけだったりする。また特定の社会関係のネットワークや集団のなかに参加したとしても、それはある目的のためだけであって、閉ざされた集団に入るといったことでないのが一般的である。

たとえば、ある歌手のファンになることで、その歌手のファンたちと一体感を抱く。だがファンたちが互いに言葉を交わすことは珍しい。しかも、彼ないし彼女は、現代都市においてその歌手のファンとしてのみ存在しているのではなく、家族の一員であり、ある企業の社員であり、あるレジャークラブの会員でありといった具合に、たくさんの社会集団やネットワークに加わっているのである。それを合わせたところに、その人の「世間」が形成されているわけである。

このようなある意味で、人々が個に解体してしまっていて、その一人ひとりが自分の生活空間とそれを支えるコスモロジーを、それと意識せずに築き上げている現代では、妖怪をめぐるコスモロジーも不特定の人々によって幻想されているものの集合という形でしか示すことができないのである。ある人はUFOの存在を信じるが、幽霊やキツネ憑きは信じない。ある人はあの世の存在を信じるが、UFOの存在は信じないといったことが生じている。つまり、UFOを信じる人々はその一点で結びつき、それ以外ではまったくの他人ということもあるわけである。現代の妖怪もそのような人々によって支えられているのである。

現代都市の「闇」

現代都市は夜も電灯が灯り、かつてのような夜の「闇」が克服された空間である。しかし、まことに興味深いことに、現代人はそうした人工空間の明るい都市のなかにも陰影を見いだそうとしてきた。いや、現代人は都市の隅々までいつも明るい状態にしているわけではない。必要がなければ、人は明かりを消して特定の場所を暗がりのままにしているのである。

さらに、都市の特定の場所に対しては、その場所の役割や歴史のゆえに、明るい光りが灯っていても、暗いイメージを抱くことがある。すなわち、現代都市にも「闇」

の空間は存在しているのである。では、それはどのような空間なのだろうか。

一言でいえば、それは都市の人々に不安や恐怖を抱かせる空間である。現代の都市民も暗がりや未知の領域に対して恐怖する。この不安・恐怖空間に現代の妖怪は入り込んでくるのだ。そうした空間の基礎は個々人のレベルで認知された空間である。現代では、私にとって「闇」の空間としてイメージされている空間が、あなたにとって同じとはいえないのだ。

私たちはいつでも「私（我々）の領域」と「彼らの領域」を作り出す。これによって作り出される「彼らの領域」に配当された空間が、そうした「闇」の空間ということになる。これはあくまで個人によって創出される「闇」空間なので、それを共有している人は誰もいないか、いてもきわめて限られた人である。

たとえば、私は小学校の高学年時代、東京の大田区南蒲田に住んでいた。私がなれ親しんでいた日常生活空間はきわめて狭く、京浜急行空港線の糀谷《こうじや》駅の反対側（北側）に一人ででかけることはめったになかった。したがって、私の記憶のなかにある駅の向こうのイメージは、断片的であいまいで暗い。当時の私にとっては、駅の向こう側の世界は未知の空間、したがって恐怖の空間であった。それが私の北側の境界であるとすると、南の境界は多摩川であった。西は京浜第一国道、東は産業道路が境界になっていて、いずれもその向こうは未知の恐ろしい空間となっていた。さらにその内部にも恐怖の空間が点在していた。当時はまだ町内の各所に防火用の池があり、たまに子どもが水死することがあったので、そうした池は水死者の亡霊がさ迷っていると聞かされていたため、一人では近づくのが怖いところであった。「七辻」と呼ばれる辻も妖怪のさ迷う場所であった。広い敷地を占めていた工場や自分の通っている休日の小学校や高等学校、病院、そして小学校の前にあった寺も墓地も、一人では入るのが怖いところであった。

こうした恐怖空間は誰もが幼いころもっていたはずである。その意味では、水木しげるの恐怖空間の認知構造と一致する。しかし、私の認知地図（これをメンタル・マップという）はあくまで私個人のもので、人々はそれぞれ違ったメンタル・マップを獲得しているのである。ムラやマチでは、そのメンタル・マップの多くの部分が共有されているのに対し、都市ではその共有部分がきわめて少なくなっているのだ。というのは、住民の移動が激しいため、歴史の共有、伝承の共有、その延長上に現れることが多い恐怖空間の共有が、困難になっているからである。そうした特徴があるものの、都市の住民は彼らなりに、都市空間のなかに、こうした「闇」の空間を各人で発見していることに注意しなければならない。それが都市の妖怪を考えるうえでの重要な側面となっているのである。

都市の「闇」空間は、都市の住民にとって恐怖を感じさせる空間であるが、そうした恐怖・不安空間には都市民の多くが抽象的なレベルで共有する空間がある。ここで「抽象的」といったのは、私が具体的にイメージする場所と、読者がそれぞれ思い浮かべる具体的な場所が違っているからである。

その一つは、「死」に結びついた空間である。墓場、病院、廃屋、交通事故などのあった場所がそうした場所である。もっとも、交通事故のあった場所はそれを知らされるまではそのような場所と思わない所であるので、その他とは少し異なるといえるかもしれない。そこが死と結びついた場所となるためには、それを伝える伝承の共有が必要である。それを共有しない人にとっては、特別の場所、恐怖を喚起する場所ではない。

たとえば、私は現在、大阪府と兵庫県の境を流れる猪名川《いながわ》の上流の猪名川町に住んでいる。近くに一倉ダムというダムがあり、その周囲を走る道路の一角は交通事故の多発地点になっている。そこに幽霊が出没するというのはこのあたりでは有名な話であるが、その話を知ったのはこの町に転居してから少し経ってからであり、そこがどこなのかを実際に知ったのはさらにそれからだいぶ経ってからであった。それまでは、そこを夜に通っても何も感じなかったのだが、それからというもの、私も夜にこの場所を車で通過するとき、薄気味悪い気分になり、緊張するようになっていた。このような場所は都会のど真ん中にもたくさん存在している。つまり、都市民のなかにも、そこで死んだ人の亡霊をその場所に呼びだす心性が存在しているわけである。

墓場や病院は誰にでも死をイメージさせる場所で、多くの幽霊・怪異談が語られている。私は何人もの看護婦から、自分の勤める病院に出たという死んだ患者の幽霊の話を聞いている。遺体や遺骨を埋葬する墓地も昔から恐怖・妖怪空間とされ、現代都市においてもその伝統は保たれている。墓場に出る幽霊の話の典型が誰でも知っている「幽霊を乗せたタクシー」の話である。

こうしたある程度固定的に死をイメージさせる空間以外にも、人々が潜在的に恐怖を感じている空間は多い。それは、夜の、利用者がいない、あるいは電気が消されている空間である。たとえば、人のいなくなった夜のオフィス・ビル、人のいない夜の学校、人のいない街路、人のいない公園や劇場、体育館……、昼の喧騒さとは対照的に、そうした空間は、夜になると静まり返っており、電気も消えているため、「闇」を抱えた恐怖空間に変貌する。

たとえば、都内のある小学校の体育館に幽霊が出るという話を、その学校の教師から教えてもらったことがある。誰も使用していないときの体育館で、跳び箱の練習をしているような物音が聞こえることがあるというのである。跳び箱の事故で亡くなった生徒の幽霊ではなかろうかとうわさしあったという。以前、全国の都市を席巻《せっけん》した「口裂け女」の話や「人面犬」の話、さらに「学校の怪談」などはこの種の妖怪談に分類できるだろう。

もう一つの空間は、都市の至るところに存在している大小さまざまな「閉鎖」空間である。トイレ、エレベーター、車、ホテルの一室、博物館の収蔵庫などが、ときによってこうした恐怖空間になる。これはその内部に入った者がそこに閉じ込められて出られなくなってしまうかもしれないという潜在的恐怖心と、そうした空間が誰でも利用できるため、恐ろしい因縁話があってもおかしくない、といったことが関係して、恐怖・妖怪空間化に導いていると思われる。博物館の収蔵庫には、死や怨念を想起させるさまざまな得体の知れない物が収納され、しかも人のいない密閉空間ということによっているのだろう、幽霊談が数多く語られている。

「幽霊を乗せたタクシー」の話は墓場とも関係するが、どちらかといえばこちらに分類すべき話である。最近では、その話の変形ともいえるいっしょに乗っていた人が消えてしまう「幽霊を乗せたエレベーター」の話が、超高層ビルに勤めるＯＬたちのあいだでまことしやかに語られているという。現代でもなお語られている「幽霊屋敷」(化け物屋敷)も、ここにいれることができるだろう。

「学校の怪談」

さて、現代都市における怪異・妖怪空間・現象の概略を述べてみたので、以下では、いくつか事例を紹介し簡単な検討を加えてみよう。

次の話は民俗学者の常光徹の『学校の怪談』に紹介されているもので、「便器からでる手」(1、2)および「赤い紙・青い紙」(3、4、5)と名づけられている話である。(48)

1　一階の女子トイレに入ると、中から手が出てくる。怖くてトイレに入ることができずもらす子がいた(東京都下の小学校)。

2　便所に入ると赤、青、黄などの手がでてきて体に触れる(東京都八王子市の小学校)。

3　お便所で「赤い紙やろか、白い紙やろか」という声が聞こえてくるといわれ、「赤い紙欲しい」と言うと、天井からザーッと血が降ってきて、「白い紙欲しい」と言うと、下から白い手がニューッと出てくるといわれた(大阪府泉北郡の小学校）。

4　北側に戦前建てられた古いトイレがあり、中は薄暗かった。トイレに入ると、上から「赤い紙がいい？　青い紙がいい？」という声がする。赤い紙と答えると赤い紙が落ちてくる。それを使うと体が赤くなり、青い紙を使うと青くなるといわれていた（東京都小平市の小学校）。

5　女子トイレのうち、中央のトイレに入ると声がして「赤、青、黄色のうち、何色が好きか」と聞かれ、赤と答えると血まみれになって殺され、青と答えると身体の血を抜かれて真っ青になる。黄色と答えた者だけが助かる（東京都下の小学校）。

近年、こうした学校を舞台とした怪談話の本がベストセラーになり、マスコミにも取り上げられて、とても話題になった。このため、いまでは多くの大人たちも知っているが、こうした話は、もともとは学校に通う子どもたちのあいだで語り伝えられていた話で、近代になって、各地に学校が建てられるようになってから生まれたものであった。子どもたちはこのような話を聞かされることで便所を恐怖し、また別の子どもに語ることで、その子を恐怖させていたわけである。要するに、典型的な学校のフォークロアであったのだ。

ところで、この五つの事例は、この怪談の変遷・発展の様子がある程度うかがえるように、私の判断で順に配列してある。というのは、常光徹が指摘するように、この話のもとになったと思われる話は、前近代の都市や田舎ですでに語られていたからである。便の落とし穴があった昔の民家の便所には、「かいなで」などといった名前の妖怪が棲んでいて、暗い便所の穴の奥から手が出てきて、便所に入った者のお尻をなでる、というフォークロアが語られていた。幼いころの私の家の便所も、そうしたいわゆる汲み取り式の便所で、便所は家のなかにあったが、薄暗い豆電球しか灯っていない便所に行くことはたいへん勇気のいることであった。便器をまたいで、お尻を暗い穴に向けてさらすことの恐怖は、いまでもはっきりと思い出すことができる。家の便所から出てくるというこの「かいなで」系の妖怪が、学校ができると、そこの便所にも出没するようになったのだ。

右の事例のうち、最初の四例は、その内容から判断して、汲み取り式の便所を想定して語られている。事例1と事例2は、たんに手が出てくるだけであるが、事例3以下は、怪しい声が謎めいた問いを発し、その問いのなかで、運動会の紅白を思わせる赤・白、あるいは信号機を思わせる赤・青・黄の三色の組み合わせによる紙を求めさせている。この紙がトイレ用の紙を意味しているのは明らかである。事例2は、赤、青、黄の手ということで、事例1と事例3以下の話の中間形である。したがって、これらの事例を比較してみると、事例1の話が、拡大再生産されて事例2以下の話になっていったことが推測されるわけである。そして、ある時期から、学校のトイレが水洗式に変わることによって、便所から手が出るというモチーフがしだいに消えて、事例5のような話に変化していったのであろう。そしてこれをさらに想像力で変形・膨らませると、次のような残酷な話になるわけである。

ある学校で女の子がトイレに入ると、どこからか「赤いチャンチャンコ着せましょか」という声が聞こえてきたので、女の子は恐くなって逃げ出した。次の日、婦人警官と警察官が来てその場所を見張っていた。ところが、婦人警官が急にトイレに行きたくなり、問題のトイレに入ったところ、またどこかで「赤いチャンチャンコ着せましょか」という声がする。その声が同じことを何度も何度も言うので、とうとう婦人警官は「チャンチャンコ着せて」と言った。ギャッという叫び声がしたので、外の警察官が行ってみると、婦人警官は首を切られて死んでいた。身体は飛び散った血で赤いチャンチャンコを着たようになっていた。(49)

それにしても、トイレが汲み取り式から水洗式に変わったというのに、つまりトイレから「闇」を追放できたというのに、どうして現在もこうした話が語り続けられるのだろう。

常光はこの疑問に対し、「トイレは、今も他の空間に対して相対的に不安の付きまとう暗い印象をひきずっている場所であることに変わりはない。現在もつねに非日常的な空間であり続けている。(中略)孤立した空間の中で、陰部を露出した状態のまかがむという、動物としての人間の弱点をさらけだした姿勢が、絶えず抜き去り難い不安を誘っている」と述べるとともに、学校の現実として、トイレが喫煙や暴力、器物破損などの非行が行なわれやすい閉鎖空間であり、そうした面からも「学校の負の側面を象徴的に示す空間」であり、「絶えず学校の秩序を脅かしつづけている空間」であるという事実とも関係している、と指摘している。(50) すなわち、学校のトイレは、水洗式になっても、心理的な意味で危険な領域にあたり、学校の管理の面でも危険な区域となっているために、その危険や不安がこうした怪異譚を紡ぎ出してくるのである。

学校の怪談ばかりがマスコミで話題になったが、学校に怪談が多いわけではない。すでに指摘したように、現代社会のあちこちで、怪異譚がまことしやかに語られているのだ。ただ、学校と違って話を採集することが容易でないために、語られてはたちまちのうちに消え去ってしまっているのである。大の大人が「幽霊を見た」とか「不思議な体験をした」とかいったことを大まじめに周囲に語るのは、現代ではかなり勇気のいることだろう。

「化け物屋敷」

現代の怪談の典型例をもう一つ紹介しておこう。取り上げるのは「化け物屋敷」の話で、これは古代から時代の変化に応じて変遷しつつ、いつの時代にも存在していた怪談である。

井上円了が「化け物屋敷」の正体を解明することにも熱心であったことはすでにみたが、その井上が「化け物屋敷」について、次のような発言をしている。「都会には妖怪屋敷《ばけものやしき》と申すものが多く、其家に住居すると病者や死人が出来るから、避け嫌ふ風が殊に甚《はなはだ》しい。日本中にては東京に最も多いやうに思はる。余の是まで取調べたる妖怪屋敷を見るに、家屋の光線の取り方が宜《よろし》くなく、空気の流通が悪くして、室内は薄暗く、陰気に感ずる家に多い[51]」。ここで井上は、だから病人や死人が出るのは衛生上の問題であって、妖怪のせいではない、と話をいつものごとくもっていって妖怪を否定するのであるが、私が注目するのは、東京をはじめ都市にこうした屋敷が多かったことである。ところが、現代になると、いわゆる「化け物屋敷」といった評判の家は開発による建て替えなどで消滅していったかにみえる。しかし、「化け物屋敷」はまだ滅んでいない。古い屋敷のみならず、新しいビルや住宅にも幽霊が出没しているのだ。

じつは、私も「幽霊屋敷」に住んだ経験がある。その話をまず紹介しよう。

中学一年のときに父が死んだので、大田区から府中市の東京競馬場の近くに引っ越した。京王線の府中競馬正門前駅のすぐ裏に、その家があった。父が厚生省の役人であった関係で、母の仕事として出入りする小さなサルベージ会社の寮の寮母を紹介されたのであった。寮といっても普通の民家で、その一室を母と私と弟の寝室にして、ときどき地方の現場からやって来る社員の宿泊の世話をするのが母の仕事であった。

引っ越してからしばらくして、沖縄からやって来た若い男の人が泊まった。翌朝、その人が母に、「この家には、老夫婦が住んでいるのか」としきりに尋ねていた。夜、部屋で寝ていたところ、誰かが掛けぶとんを引っ張るので目が覚めたところ、ふとんの裾のところに青白い顔をした老夫婦が立っていて、ふとんを引っ張っていた。「部屋を間違えているよ」といってまた寝たところ、しばらくして再びふとんを引っ張られて目が覚めてしまった。頭にきたので、どなりつけて追い出した、というのである。母は「そのような老人はいない。夢でも見たのではないか」といっこうにとりあおうとしなかった。この部屋に泊まった人に、必ずこのようなことが起こったというのではなかったが、少なくとも、もう一人別の人が同様の体験をしたことを覚えている。隣家の人の話から、かつてこの家には老夫婦が住んでいたが、どうしたわけか家が売りに出され、何人かの人の手を経て、現在の会社の寮になったということがわかった。以前も、同様のことがあったといい、死んだ老夫婦の幽霊が出てくるのだろう、と説明されていたようである。その後、私たち家族は近くに借家を見つけて引っ越し、母はその寮母の仕事をやめてしまった。

この種の幽霊話はまことに多い。私のところに寄せられた体験談を紹介すると、京都の、かつて身分の高い人の屋敷であったというところに建てられた公務員宿所の洋室に泊まったとき、深夜、宿所が用意したのと同じ寝巻きを着た男が、内側から鍵をかけていたのにどこからともなく風のように入って来て、鏡台の前の丸椅子に座ったのを目撃したという。

たしかに、私の住んでいた寮もこの宿所も、前代からの「化け物屋敷」のイメージを引きずっている。古い屋敷ないし屋敷跡に建てられたとか、かつての所有者やそこに泊まった人の怨念らしきものが幽霊となって出没するといった話の筋立ては、目新しいものではない。平安時代に、最初の所有者であった源融の亡霊が、人手に渡ったかつてのわが家に出現する話と、これらの例はそれほど変わらないのである。

しかし、室生忠《むろおただし》『都市妖怪物語』などに採録されている幽霊話を見てみると、「ガードマンが深夜にオフィスの巡回をしていたところ、人の気配を感じてある部屋を開けると、先日自殺した女子社員がせっせと書類整理の仕事をしていた。几帳面な性格の社員だったので、仕事が残っているのを思い出して幽霊となって現れたのだろうとうわさしあった」といった話のように、現代の幽霊は現代人の生活を反映して、日常生活の場のあらゆるところに出没するようになってきている。[52] 屋敷や路上などに出没するだけでは活動領域が狭すぎ、新しい生活領域にまで現代の幽霊は活動場所を拡張せざるをえないのである。

幽霊が出る屋敷が「幽霊屋敷」ならば、幽霊の出る学校は「幽霊学校」であり、幽霊の出るオフィスは「幽霊オフィス」であり「幽霊ビル」、幽霊の出る病院は「幽霊病院」ということになる。しかし、現代人はそうは呼ばない。幽霊が出るといううわさがあっても、その場所を捨てて立ち去ろうとは思わないからである。人間が強くなったのである。いつまでも幽霊などにかかわっていられないほど忙しいのである。しかしそれでも、幽霊は都市空間のわずかな「闇」に入り込み、人々に不思議の念を抱かせ、あるいは恐怖の底に突き落とすことをやめようとはしない。つまり、私たち現代人のうちのかなりの人々が妖怪を信じる心性をもっているのである。

現代の妖怪の特徴と現代人の不安

これまで、現代人のあいだで語られ、ときには信じられてきた妖怪の話を簡単に紹介・検討してきたが、その過程で現代の怪談・妖怪譚がそれとなく浮かび上がってきたようである。すなわち、人面犬などわずかな例外はあるものの、現代の妖怪のほとんどが人間の幽霊（亡霊）なのである。これは何を意味しているのだろうか。

考えられることの一つは、現代人は動物などの妖怪はいまやすっかり信じなくなったが、人間の幽霊の存在をなお信じる人々が多い、ということである。たとえば、「学校の怪談」の話で、「赤い紙がいいか？　青い紙がいいか？」と問いかける怪しい声の正体が、人間の怨霊（幽霊）だと説けば納得した気分になるが、遠野のマチの民家で生じたポルターガイスト現象の原因がキツネの仕業であったとされていたと同様に、キツネやタヌキの仕業だったと語ると、たちどころに現実味を失ってしまうであろう。つまり、現代人はまだ人間の死後の霊魂の存在を信じている、あるいは信じようとしているのである。

このことは、さらに次のような事態をも表現している。もはや、現代人は自然との関係を断ち切り、それゆえ自然を恐れる心を失ってしまっているらしいということである。現代の都市空間で、人間を恐怖させるのは人間だけだというわけである。もし現代人の心をのぞくことができたならば、きっと人間への恐怖がうず巻いていることだろう。

しかし、現代においては、この幽霊さえも衰退の一途にあることは明らかである。というのは、現代の怪談を検討してみると、幽霊の姿を見たとする話がだんだんと少なくなっていて、それに代わって、手だけ、声だけ、怪しい音だけ、といった話へと変化しつつあるかにみえるからである。将来は、それさえ話のなかに登場せず、ただ怪異・不思議現象だけがなんの説明もなく語られるようになるのかもしれない。たとえば、ある短大で教えていたとき、受講していた女子学生が語ってくれた次のような話には、来たるべき時代の怪談のパターンが暗示されているように思われる。

この女子学生の友人が友だちの家に遊びに行って、その家に泊まることになった。夜遅くまでおしゃべりして、用意されたふとんに寝たのだが、夜中に何度も目が覚めた。かたく冷たいものの上で寝ているような感じがして目が覚めてしまったのである。掛けぶとんも敷きぶとんも十分に足りているのに、へんな夢を見るものだと思いつつ、熟睡できぬまま夜が明けてしまった。翌朝、このことを友人に話すと、友人の住む新興住宅地はもとは山林で、友人の家あたりには、もともとこのあたりに住んでいた人たちの墓場があったということを教えられた。どうやら、彼女は墓石の上で寝ていたらしいのである。そう考えると納得できる体験であったという。

この話には、幽霊も、幽霊や妖怪の身体の一部も、登場しない。キツネやタヌキの仕業だというわけでもない。化け物屋敷のように、かつての所有者が現れて暗にその所有を主張するでもなく、現在の所有者やそこを訪問した者に祟りをなすわけでもない。ただ、この話は開発以前がどのような場所であったのかを告げているだけなのである。それでも、私たちはこの話を聞いてぞっとする。このような話が語り出される理由として考えられるのは、開発のために死者の住居を取り壊し移転させてしまったことへの呵責《かしやく》の念である。そこからこのような話が発生してきたらしい。

それにしても、それまで眠っていた墓地を追われた死者さえも亡霊となって現れることのできないような話が、将来の時代の怪談を暗示しているとすれば、そのような時代はいったいどのような時代なのだろうか。人々は幽霊の存在をまったく否定し、死者の墓場さえ生者が奪い取って利用するような時代がやがてやってくるというのだろうか。

しかし、たとえそのような時代がやってきたとしても、私は妖怪現象はなくならないと思っている。というのは、そこに人間であることの証しが託されていると考えるからである。私たちを取り巻く環境・景観がどのように変化しようとも、新しい妖怪が、たとえ姿はなくとも、そのなかに「闇」を見いだして人々の前にきっと立ち現れてくるであろう。妖怪とは、いつの時代でもそういうものなのである。

第二部　魔と妖怪

一　祭祀される妖怪、退治される神霊

「神」と「妖怪」の相違

私たちの先祖が想像した「魔」とか「妖怪」とかいったものは、いったいどのような性質をもつものだったのだろうか。また、そうした「魔」や「妖怪」たちは、日本の伝統社会や民俗社会に生きる人々の精神構造にどのような影響を及ぼし、どのような世界観（＝コスモロジー）を創り上げることになったのだろうか。以下では、第一部の考察をふまえつつ、こうした日本文化の「負」の領域・「闇」の領域の住人たちの生活に探りを入れてみることにしたい。

しかしながら、このテーマは容易には答えを見いだせそうにない、たいへんな難問であることもあらかじめ認めなくてはならないだろう。というのは、あまりに難問すぎるので敬遠されたのか、それとも取るに足らないものと判断されて無視されることになったのか定かではないが、「魔」とか「妖怪」とか呼ばれる存在は、長い間、民俗学や歴史学の領域において中心的テーマとはなりえなかったからである。

しかし、「魔」や「妖怪」の研究は、まだ十分に認識されていないが、日本人のものの考え方についての根源に触れる企てであり、古代から現代に至る日本人の生き方にも触れるきわめて重要な問題を含んでいるように思われる。

このことを、はからずも語り示してくれたのが、岐阜の山中から出現し、またたく間に全国を駆け巡り、多くの子どもたちを恐怖させ、大人たちを困惑させた「口裂《くちさ》け女」であり、「人面犬」や「学校の怪談」であった。「口裂け女」騒動において重要なことは、「口裂け女」がたんなるうわさであるかないかにあるのではなく、科学文明が日本の津々浦々まで浸透しているにもかかわらず、「口裂け女」という妖怪を生み出す心性を日本人が今日なおもっている、ということなのである。もちろん、多くの民俗社会の妖怪たちが次第に消滅しつつあるなかにあって、突然に都市に出現した「口裂け女」の場合、現代文化に固有の出現理由があったにちがいない。しかし、「口裂け女」の属性が「山姫《やまひめ》」や「山姥《やまうば》」「雪女」などの民俗社会の妖怪の属性ときわめて類似していること、最初の出没が山の中であったらしいこと、などから考えると、「口裂け女」を育てた環境は現代文化であったが、彼女を生んだ母胎は日本の民俗文化であったと思われる。また、第一部でみたように、「学校の怪談」もまたその母胎を前近代の日本文化、民俗文化に求めることができるであろう。

したがって、「妖怪」や「魔」を研究することは、とりもなおさず、この母胎、つまり日本文化の仕組み、日本人の伝統的思考様式を探ることにほかならない。ここでは、民俗社会に生き続けてきた数多くの「妖怪」や「魔」の一つひとつを取り上げるのではなく、それらを体系的に把握するために必要な、単純な概念や理論を探究しつつ、日本文化の「闇」の領域に足をふみいれてみることが、主たる目的となっている。

ところで、第一部では、私たちは、実社会に生きる人々が認知する恐怖空間＝「闇」に焦点を合わせ、そこにどのような妖怪を幻想したのかをみてきた。そこで第二部では、人間の心が生み出す妖怪観の中身の吟味のほうに焦点を合わせてみるつもりである。そうした作業によって、私たちは日本人の妖怪の基本的特徴をつかみ出すことができるはずである。

ところで、民俗学者の柳田国男は「妖怪」を「神霊」の零落したものとして把握した。すなわち、前代の信仰の末期現象として現れたのが「妖怪」なのであって、したがって、カッパは水神の、山姥は山の神の零落したものだと理解したわけである。柳田国男は、こうした考え方を「我々の妖怪学の初歩の原理」と述べている。(1)

しかし、「はじめに」でも吟味したように、私たちは、柳田の妖怪論の出発点ともいうべきこの原理が本当に正しい原理なのかを、もう一度問い直してみる必要があるだろう。というのは、もし誤っていたとすれば、柳田説に従う民俗学者たちの妖怪論は、根底から否定されることになるからである。もちろん、これまで多くの研究者の支持をえてきた柳田説に異議を唱える場合、慎重であらねばならない。しかし、別のところでも検討を加えたように[2]、柳田の妖怪論の「初歩の原理」には、多くの問題点が含まれているように思われるのだ。柳田の説に従って妖怪を考えようとすると、いろいろと不都合なことが生じてしまうからである。

　たとえば「妖怪」が「神霊」の零落したものだと仮定すると、日本文化や人類文化の発展の一段階において、「妖怪」が存在せず、「神霊」のみが信じられた時期があったと仮定しなければならない。なぜならば、「妖怪」が最初から「妖怪」として人々の前に登場しえないからである。善良な人々とそうした人々に富をもたらす善なる神々と善なる自然のみからなる社会・文化が、人類文化の発展過程のある時期に存在したとは、とうてい考えられないことである。それはあまりにも現実離れした夢物語であろう。

　『古事記』や『日本書紀』あるいは『風土記《ふどき》』には、周知のように、おびただしい数の災厄をもたらす神霊、つまり「魔」や「妖怪」に相当する霊的存在が記述されている。それ以前のことについても、埋葬の仕方や人骨破壊などに示されているように、怖れの表現とみられるものが残っており、人間の生活はユートピアとはほど遠いものであった。実際、人類文化の歴史をさかのぼればさかのぼるほど、人間の生活は厳しくなり、予測しえない災厄も多かったのである。そして「知恵」ある動物である人類は、その知恵をめぐらしてさまざまな災厄の原因を推測し、それを除去したり避けたりする方法を考え出そうとし、また、考え出したはずで、そのなかから合理的な思考様式と非合理的（宗教的）な思考様式が生まれてきたのである。

すなわち、人類は自分たちの合理的知識では統御しえないものを彼らの環境のなかに認め、それを概念化したとき、私たちが「超自然的力」とか「超自然的存在」とか呼ぶもの、つまり「神霊」や「妖怪」たちが生み出されたのではなかっただろうか。人類の長い歴史のなかで、それがいつ生じたのかは定かではない。しかし、人類が直立歩行し、火を管理し、道具を創り、言語を用いるようになったときには、「神霊」や「妖怪」たちも生まれていたにちがいない。そうした時代にあっては、柳田説とは逆に、未知のことが多いがために、自然の脅威にさらされていたがために、「妖怪」たちの活動領域は多岐にわたっていたと思われる。したがって、遠い昔、日本列島に人が住むようになったとき、彼らの文化のなかにすでに「神霊」や「妖怪」たちも棲んでいた、とみなすのが妥当のように思われるのである。

もちろん、「神霊」から「妖怪」や「魔」へと没落するものもなかにはあったであろう。しかし、「妖怪」から「神霊」へと上昇するものもあったろうし、「妖怪」として文化のなかに登場し、「妖怪」のまま文化から退場していったものもあった、と考えるべきであろう。妖怪史もまた多様な展開を示しているのであって、このため、妖怪学もまたこの多様性に応えることのできるようなものでなければならない。私たちは柳田学的な妖怪論に惑わされることなく、柔軟な眼差しをもって、日本の民衆の歴史のなかに、あるいは民俗社会のなかに姿を現した「妖怪」たちを理解しなければならないのである。

『広辞苑』などの国語辞典の類を引いてみると、「妖怪」は妖《あや》（怪）しいもの、人知では不思議と考えられる現象または異様な物体、と説かれ、「魔」は梵語《ぼんご》マーラ（māra）の音写の略で、人の善事を妨げる悪霊・邪神、と説明されている。つまり、「妖怪」と「魔」の相違は、後者が仏教上の概念であるという点で区別されるわけである。だが、私たちが日常生活において「魔」という語を用いるとき、はたして仏敵としてのみそれを理解しているだろうか。「魔」という語が仏教用語に由来するにせよ、それに限定されることなく、もっと広い意味で用いられているのではないだろうか。

そこで、「超自然的存在」を「妖怪」とか「魔」として記述する場合の、さしあたっての定義を述べておこう。

「妖怪」とは、世界に生起するあらゆる現象・事物を理解し秩序づけようと望んでいる人々がもつ説明体系の前に、その体系では十分に説明しえない現象や事物が出現したとき、そのような理解しがたいもの、秩序づけできないものを、とりあえず指示するために用いる語であるということができる。古代人は、これを「もの」と呼び、その出現の徴候を「もののけ」と呼んでいた（かつては、「もの」「化け物」などと並んで「百鬼夜行《ひゃっきやぎょう》」「妖物」「魑魅魍魎《ちみもうりょう》」などといった言葉も用いられていた）。つまり、第一部でも述べたように、「妖怪」とは、正体が不明のものであり、正体不明であるがゆえに遭遇者に不思議の念、不安の念をいだかせ、恐怖心を生じさせ、その結果「超自然」の働きをそこに認めさせることになる現象・事物を広く意味している。いいかえれば、民俗社会がもつ二つの説明体系、つまり「超自然」を介入させない説明体系と「超自然」を介入させた説明体系、のあいだをゆれ動いている正体不明のものが、人々の認識過程の第一段階の「妖怪」なのである。そして、正体不明であるがゆえに、人々に不安や恐怖心を起こさせるので、この段階の「妖怪」も、人々にとって好ましいものではないといえるであろう。しかし、この段階では、まだ人に対して危害を加える邪悪なもの、といった明確な判断を下すまでには至っていない。

それでは、こうした二つの異なった説明体系の裂け目に立ち現れてきた正体不明の「妖怪」を、民俗的思考はどう処理し秩序づけようとしたのであろうか。それは、結局、人々が所有する思考体系が、「超自然」（超越的なもの）の介入に頼らずに「妖怪」の正体を究めることができるか、それとも、それができないために「超自然」の領域に組み入れて説明しようとするか、二つのうちのいずれかを選ぶことによって決まることになる。

前者の場合は、「幽霊の正体見たり枯れ尾花」という川柳《せんりゅう》によく示されている。つまり、正体がよくわからないので幽霊と思ったが、その正体が「超自然的なもの」とは無縁な枯れ尾花であった、つまり合理的に説き明かすことができた、というわけである。正体が明らかでないときは、妖怪現象であるが、正体が明らかになったときは、「妖怪」はもはや「妖怪」でなくなってしまうのである。「妖怪」は、科学的・合理的説明体系によって、他の事物・事象に、つまり「幽霊」から「枯れ尾花」へといった具合におきかえられてしまうのだ。

これに対して、正体不明のものの正体を科学的・合理的に究めつくすことができなかったとき、民俗的思考は、それを超越的・非科学的説明体系のなかに組み入れて秩序づけようとすることになる。つまり「超自然」の働きを正体不明のものに認めることで、それを説明しようとするわけである。たとえば、元禄五年（一六九二）に刊行された江戸時代初期の作家、浅井了意《りょうい》の『狗張子《いぬはりこ》』に、次のような話が載っている。ある百姓が、九尺も背丈のある二人の法師に出会い、それに連れられて洞窟のなかに閉じ込められる。二人の法師が入口で番をしていたが、彼らが眠り込んだすきに、鋤《すき》で二人を斬り殺して家に逃げ戻った。翌日、現場に行ってみると、洞窟の入口に一尺ばかりの亀と蛙が死んでいた。

この話にみえる亀と蛙は普通の亀と蛙ではない。「超自然」の領域に移行した亀と蛙である。それを暗示するのが、九尺もあるという異常な大きさであり、おそらく長い生き続けたゆえに「超自然」の側に移行し、〝変化《へんげ》〟する能力を獲得したのであろう。すなわち、九尺もある二人の法師は「妖怪」なのであり、その正体が亀と蛙と明らかになった時点においても「妖怪」であり続けているのである。その正体そのものが超自然的であり、不思議なのである。

人々が第一段階の「妖怪」を説明するために、それを超越的説明体系のなかに組み入れたとき、この説明体系の枠内での個別化・秩序づけがなされる。右の例でいえば、恐ろしい異形の二人の法師は亀と蛙の精霊の変化《へんげ》したものと理解するように、「妖怪」の個別的確定がなされるわけである。要するに、その正体として、民俗社会が所有する数多くの「超自然的存在」のなかの一つが選び出されるのである。

　こうした「超自然的力」や「超自然的存在」もしくは「霊的存在」は、大きく二つに分類することができる。一つは、人々に富や幸いをもたらすもの、いま一つは人々に災厄をもたらすもので、前者は「神」と呼ぶことができ、後者は「妖怪」とか「魔」と呼ぶことができるはずである。すでに述べたように、「魔」という語は、もともとは「仏」とその一党に敵対するものであったが、日本では、本来の意味よりも広い意味で用いられるようになっていたようである。

　ところで、超越的説明体系のなかに組み込まれた第一段階の「妖怪」のうち、それが人々に好ましい存在として判断されたとき、その「妖怪」は「神」に転化する。ところが、「神」に転化しえなかった、つまり好ましいと判断されなかった「妖怪」は、個別化されたのちも「妖怪」としてとどまり続けることになる。したがって、右の例でみた亀と蛙の霊は「神」ではなく、「妖怪」の一つである。そして「神」として判断されなかった「妖怪」たちのうち、とりわけ悪なる属性を帯びているものが「魔」と呼ぶにふさわしいわけである。しかし、この段階での「魔」と「妖怪」はほとんど重なり合ったカテゴリーであると考えておくのが無難なようである。つまり、多くの日本人にとって、それは「魔」と呼んでも「妖怪」と呼んでもかまわない存在なのであった。

私たちはこれまで、民俗社会の「神」や「妖怪」あるいは「魔」を規定するために、人々の思考のプロセスに着目してきた。しかしながら、日本の「神」や「妖怪」は、キリスト教などの神や悪魔といったものと大きく異なっている。キリスト教にあっては、神はつねに神であり、けっして悪魔となることはなく、悪魔はつねに悪魔であって神になることはない。悪魔はつねに神に対立して存在し続けているのである。映画の『ドラキュラ』や『エクソシスト』などを思い出していただければ、そのことがすぐに理解できるはずである。ところが、日本人の神観念では「神」とされていたものが「妖怪」となったり、「妖怪」であったものが「神」になったりする。日本の「霊的存在」はたいへん可変性に富んだ性格を示しているのである。

そこで、ある「霊的存在」が「神」の状態にあるのか、それとも「妖怪」の状態にあるのかを、どのようにして判断するのかという問題が生じてくる。

第一部でも述べたように、両者を区別する指標の一つは、人々に対してプラスの価値を帯びているか、マイナスの価値を帯びているか、ということにある。しかし、民俗社会における「神」と「妖怪」の変換のダイナミズムは複雑な様相を呈しており、プラス価とマイナス価のみでは十分に把握しきれそうにない。日本人の神観念においては、「霊的存在」がプラス価を帯びているときばかりでなく、マイナス価を帯びた状態からゼロ価の状態へ、ゼロ価からプラス価の状態へ転換させるときに「神」となる、という特徴を示しているからである。これとは逆に、「妖怪」はマイナス価のときばかりでなく、プラス価からゼロ価へ、ゼロ価からマイナス価へと転換するときにも登場してくるのである(3)。

右の説明は、たしかに抽象的すぎるようである。そこで、こうした特徴をよく示す事例を、民俗社会や歴史上の伝統社会のなかに探り、いま少し具体的な形でその指標を提示してみる必要がある。そして、こうした観点から人々の行動を眺めてみると、マイナスかプラスかを知る指標としてもっとも適切なものと思われる一連の行為が浮かび上がってくる。それが「祀《まつ》り上げ」と「祀り棄て」という行為である。

人々は「妖怪」を「神」に変換するために祭祀を行なう。また、人々の祭祀が不足すると、「神」は「妖怪」に変貌することになるのだ。「神」とは人々によって祀られた「超自然的存在」であり、「妖怪」とは人々に祀られていない「超自然的存在」なのである。別のいい方をすれば、祭祀された「妖怪」が「神」であり、祭祀されない

「神」が「妖怪」ということになるのである。

祀り上げられる「妖怪」

『肥前国《ひぜんのくに》風土記』佐嘉《さか》の郡《こおり》の条に、次のような話が記されている。

一《ある》ひといへらく、郡《こおり》の西に川あり。名を佐嘉《さか》川といふ。年魚《あゆ》あり。其の源《みなもと》は郡の北の山より出で、南に流れて海に入《い》る。此の川上《かわかみ》に荒《あら》ぶる神ありて、往来《ゆきき》の人、半《なかば》を生かし、半を殺《ころ》しき。ここに、県主等《あがたぬしら》の祖大荒田《おやおおあらた》占問《うらど》ひき。時に、土蜘蛛《つちぐも》、大《おお》山田女《やまだめ》、狭山田女《さやまだめ》といふものあり、二《ふたり》の女子《おみな》の云《い》ひしく、「下田《しもだ》の村の土を取りて、人形《ひとがた》・馬形《うまがた》を作りて、此の神を祭祀《まつ》らば、必ず応和《やわら》ぎなむ」といひき。大荒田、即ち其の辞《ことば》の随《まにま》に、此の神を祭るに、神、此の祭を歆《う》けて、遂に応和《やわら》ぎき。[4]

この説話は多くの問題を含んでいて興味深い。この土地の支配者である大荒田は、土着の者ではなく新来の征服勢力の族長であると思われる。これに対して「土蜘蛛」と呼ばれる土着系の被征服勢力が存在している。大山田女と狭山田女は土蜘蛛勢力の巫女的存在であって、この二人に神意が伝えられる。「荒ぶる神」はこの土蜘蛛が祀っていた神であって、そのためにこの女たちに神意を伝えたのであろう。この「荒ぶる神」によって被害をこうむっているのは大荒田の側である。したがって、この神の所行は、新来勢力に帰順することを拒み、なお抵抗している一部の土蜘蛛勢力の活動を象徴的に表現している、とも読みとれる。あるいは土蜘蛛の敗北によって祭祀者を失った神の、新たな祭祀者を求めての乱行とも解釈できる。

いずれにせよ、支配者にとって、佐嘉川の川上に棲み、通行人の半数を殺害することの「荒ぶる神」は、邪悪な神であって、私たちのカテゴリーでいえば「妖怪」とも「魔」ともいうことができる。大荒田はこの神のマイナス価をゼロ価にするために、この神を祀り上げるということを行ない、その結果、神は和《なご》むことになる。つまり、「妖怪」から「神」へ転換したのである。

これと同様の説話は、『肥前国風土記』基肄《きい》の郡《こおり》の条や『常陸国風土記《ひたちのくにふどき》』行方《なめかた》の郡の条にもみえている。前者では、荒ぶる姫神が、筑前の国（福岡県）宗像《むなかた》の郡の人珂《か》是古《ぜこ》に、社《やしろ》を作って自分を祀ってくれるならば人々に祟《たた》って苦しめることを停止しよう、と要求している。後者では、災厄をもたらす「ヤツノカミ」（夜刀《やつ》の神）を箭括《やはず》の氏《うじ》の麻多智《またち》が武力で追い払い、その後「標《しるし》の梲《つえ》を堺《さかい》の堀に置」き、この神に向かって、「此《ここ》より上《かみ》は神の地と為《な》すことを聴《ゆる》さむ。此《ここ》より下《しも》は人の田《た》と作《な》すべし。今より後《のち》、吾《われ》、神の祝《はふり》と為りて、永代《とこしえ》に敬《いやま》ひ祭《まつ》らむ。冀《ねが》はくは、な祟《たた》りそ、な恨《うら》みそ」(5)と告げ、社を設けて神を祭祀し、彼自身もその「祝《はふり》」つまり神の祀り手になったという。

このように、マイナス価をもつ超自然的存在＝「妖怪」は、祀り上げられることを通じてゼロ価の「霊的存在」へ、さらにプラス価の「神」へと転換されるわけである。

こうした思想は古代のみでなく、長い時間を経た今日でさえも広く見いだせる思想であり、日本人の神観念を考える場合、これを無視してはその本質をなに一つ語ることはできないといってもけっして過言ではないであろう。

民俗社会から、こうした思想を語る事例を一つ引いてみよう。

高知県香美郡物部村で活動する「いざなぎ流」（民間陰陽道の一種）宗教者たちは、山の神をもとは人間に祟りをなす「魔の人」であったと考えている。彼らが伝える「山の神の祭文《さいもん》」がそのあたりの事情を語り示している。

> 山の神は天竺天《てんじくてん》の山の神の長男として生まれるが、日本のすべての山を支配するために天降《あまくだ》る。そうとは知らない人々は、山に入って山の草木を採る。すると、原因不明の病にかかってしまう。困り果てた人々は、「星やじょもん」という占い師

＝祈禱師を雇って原因を占わせると、「天から魔の人が一人天降り、日本の山を支配しているにもかかわらず、その許可を得ずに山の草木を切ったので、その人が怒り祟りをなしているのだ」と占い判じる。そこで、人々はこの「星やじょもん」を「魔の人」のもとに送り、「ていちょうに祭祀をするから山の一部を利用するのを許して欲しい」と頼み、許される。こうして、現在の「山の神」の祭りがなされるようになったのであった。[6]

すなわち、この祭文は、人々に災厄をもたらす「魔」を祀り上げ、「山の神」とすることで、そのマイナス価をゼロ価に、さらにはプラス価に転じることが語られているわけである。

棄てられた「神」

右で、私たちは、祀られぬ「妖怪」が祭祀されることを通じて「神」になることをみた。これに対して、いままで祀られていた「神」が祀られなくなると妖怪化する事例をみてみよう。

すでに言及した『肥前国風土記』佐嘉の郡の条の説話は、その一例である。すなわち、かつて土蜘蛛系の人々に祀られていた「神」が、新来の勢力によって祀り手を失い、そのために祀り棄てられた状態になってしまった。そこで祟りをもたらす「妖怪」となって、新来者たちに祭祀を要求した、というのである。つまり、「神」が「妖怪」となったわけである。高知県では、かつて祀られていた「神」が祭祀する者を失い、空屋《あきや》に打ち棄てられていたり、路傍《ろぼう》や田畑に捨てられてしまっているとき、「溺《おぼ》れている」と表現する。こうした溺れ神は、新たな祭祀者を求めて、近隣の者や通行人に災厄を与えることでその存在を気づかせようとする。また、各地に伝わる「憑《つ》きもの」も、祭祀者が祭祀を怠ったり、それを棄てたりすると、旧祭祀者や近所の人に災厄をもたらすという。このように、「祀られぬ神」は「妖怪」となることによって、再び「祀られる妖怪」つまり「神」となることをたえず求め続けているのである。

このような信仰構造が、日本の民俗社会の基底部に横たわっていることをいち早く見抜いた宮田登は、それを「祀り上げ祀り棄ての構造」と表現している。

日本の神々の複雑多様な姿は、再三指摘した通りだが、何ゆえそのようになったのかは容易に説明がつきかねている。しかし民間信仰の中にみる一見些細《ささい》なとるに足らぬように思われる小祠《しょうし》のあり様を眺めた場合と、祀り上げ、祀り棄てとして包括される構造が、日本人の伝統的な神観念の基底に横たわっていることを指摘することは十分できるのである(7)。

宮田はこうした神観念を表現する事例を江戸の庶民信仰のなかに求めた。だが、古代から現代まであまねく日本の社会にみられる観念であり、その事例にこと欠くことはない。祀られることで「神」になる「妖怪」は、同時に棄てられることによって再び「妖怪」になるのである。この可変性に留意することが、日本の「神」や「妖怪」を把握するもっとも重要な点なのである。

退治される「妖怪」

私たちは、「妖怪」として存在していたものが祀られることを通じて「神」になる、という仕組みをみたわけであるが、人々を脅《おびや》かす「妖怪」を処理する民俗的な仕組みには、もう一つ「退治」というのがある。これもまた「祀り上げ」と並んできわめて重要なものである。

源頼光《よりみつ》や田村将軍（坂上田村麻呂）をはじめとして、全国各地に鬼退治・化け物退治の伝説や説話が語り伝えられ、また記録されている。(8) こうした伝承のなかの「妖怪」たちは、人里に出没して人々を脅かすばかりでなく、人をさらって殺したり、食べたり、あるいは強制的に人間の女を妻にする、といったイメージで語り示されている。こうした邪悪な「妖怪」の跳梁を阻止するために武勇の誉れ高い武士などが自らすすんで、あるいは選び出されて、「妖怪」と対決し、ついにこれを退治するわけである。

「妖怪」を退治するという行為は、「妖怪」を祀り上げることとは異なり、マイナス価をもった「妖怪」を殺害・破壊し、この世から抹殺することである。こうした人間の行為には、「妖怪」に対する人間の側の優位性が表れている。「妖怪退治」の伝承は「神霊」の祭祀、「妖怪」の祀り上げの衰退の結果としてできた物語とも考えられる。しかし、『古事記』『日本書紀』にも妖怪退治の記事がみられるので、古くからの観念であったことも疑う余地がない。

古代神話のなかでもっとも名高い妖怪退治の話は、スサノオのヤマタノオロチ退治である。『古事記』によると、出雲《いずも》の国（島根県）の肥《ひ》の河上にある鳥髪《とりかみ》の地に天降ったスサノオは、その上流で二人の老夫婦が一人の娘をなかにして泣いているのを見つける。わけを聞くと、娘のクシナダヒメを「彼《そ》の目は赤加賀智《あかかがち》（赤いホオズキ）の如くして、身一つに八頭《やかしら》八尾《やお》有り。亦《また》其の身に苔《こけ》と檜《ひ》榲《すぎ》と生《お》ひ、其の長《たけ》は谿八谷《たにや》峡八《たにおや》尾《お》に度《わた》りて、其の腹を見れば、悉《ことごと》に常に血爛《ちただ》れつ」[9]というヤマタノオロチ（八俣遠呂智）に差し出さねばならないのだと告げる。スサノオは、自分の身分を打ち明けて、クシナダヒメを妻にもらい、オロチを退治しようとする。そして酒を飲ませてオロチが眠りこんだところを斬り殺してしまう。すなわち、この地において「荒ぶる神」であったオロチを、その荒ぶるという属性ゆえに退治したのである。オロチとは退治された「神霊」であり、その意味で「妖怪」といいうるわけである。

同様の記事が『日本書紀』仁徳《にんとく》天皇六七年の条にもみえる。吉備《きび》の中《みちのなか》の国（岡山県西部）の川嶋《かわしま》河の川股に「大虬《みつち》」（大蛇または竜）が棲み、通行人に災いをもたらしたので、笠県守《かさのあがたもり》がこれを退治したという話が載っている。『今昔物語集』巻二六第七（同じ話が『宇治拾遺《うじしゅうい》物語』巻一〇にもみえる）も同じ構造をもった話である。

美作《みまさか》の国（岡山県北部）では、猿が神として祀られており、年に一度、生贄として処女が捧げられた。たまたまその地を訪れた東国の猟師がこの話を聞き、生贄にされる娘を見染めたこともあって、猿神退治の計略を立て、娘の身代りになって猿神の前にゆき、計略通りに猿神たちを懲《こ》らしめたので、それ以後、生贄を出すこと

はなくなったという。(10)

「神」もしくは「妖怪」に生贄を出す話は中世にも多くみられ、たとえば説経《せっきょう》『松浦《まつら》長者《ちょうじゃ》』などにみえるさよ姫生贄譚、『神道集』「上野国那波《こうずけのくになは》八郎大明神の事」の生贄譚などがよく知られている。また、こうした生贄譚は、昔話としても広く民俗社会に流《る》布《ふ》し、昔話研究者はこの種の話を「猿神退治」「蛇聟入《むこい》り」として分類している。(11)

ところで、その土地の人々によって忌《い》まれ恐れられながらも「神」として祀られていたものが、よそからやって来た英雄や勇気ある知恵者によって「神」の座から引きずり降され、「妖怪」として退治されるという構成は、たいへん興味深い。とくに「よそ者」つまり《異人》に焦点を当てて分析すると、共同体を救済するものがどのような存在であるか、民俗社会を活性化させるものがなにか、ということを私たちに考えさせてくれるように思われる。(12) しかし、以下では、「妖怪」の祀り上げと「神」の退治という点に視点を合わせて分析してみよう。

たしかに、スサノオのオロチ退治と猟師の猿神退治とは同じ構造をもっている。しかし、微妙な差異も認められる。前者ではオロチを斬り殺しているが、後者では猿神を懲《こ》らしめ戒《いま》しめるにとどまり、殺してはいないのである。つまり完全に退治されていないのである。『今昔物語集』巻二六第八にみえる、旅の僧による猿神退治では、猿神を懲らしめて人を生贄にとることを止め、人間に代えて鹿などの動物の生贄を差し出した、となっている。猿神はなお「神」であり続けているわけである。

この相違は、ささいな相違のようにも思われるが、重要なことである。というのは、この点をよく注意してみると、たとえば、すでに例示した『常陸国風土記』の「ヤツノカミ」も違った形で読み解くことができるようになるからである。ヤツノカミたちの多くは麻多智たちに殺されたり追い払われたりしているが、その残りが「神」に祀り上げられる。要するに、「祀り上げ」と「祀り棄て」（＝退治）が同時になされているのである。まったく逆の「妖怪」処理のようにみえるが、民俗社会では、しばしばこの二つの処理の仕方は、並存しているようである。もっとはっきりいえば、実世界では「妖怪」の「祀り上げ」の儀礼が執り行なわれ、それを神話的に表現したのが「妖怪退治」の物語だということになるのである。

たとえば、高知県の山奥の物部村で調査していたとき、ヤツラオー（八面王）というヤマタノオロチの子孫のような怪物を退治した話を耳にしたことがある。村人の語るところによると、ヤツラオーを殺したあと、その怪物の祟りを恐れて墓をつくり、そこに祀り上げたというのであった。また、名高い大江山の酒呑童子伝説の周辺にも

「退治」と「祀り上げ」の観念がみられる。退治しただけでは不安で、祀り上げることが最終的処理であったらしいのだ。

大江山の鬼退治説話の生成過程を研究した佐竹昭広は、(13)酒呑童子が大江山に棲むことになるまでを描いた御伽草子《おとぎぞうし》の『酒典童子《しゆてん》』やその異話である『伊吹童子《いぶき》』に注目した。『酒典童子』によると、酒典童子は伊吹大明神の子とされている。この伊吹大明神は、もと出雲の国に住みヤマタノオロチと呼ばれていたが、スサノオに追い払われ、伊吹山に逃れて来てその山の神として祀られたものと語られている。

『伊吹童子』では、大江山に移り住むことになる伊吹童子という鬼は、伊吹大明神の申し子として生まれた「伊吹の弥三郎」という大変化《へんげ》の者の子として述べられている。弥三郎の妖怪変化としての性格は、「此《この》弥三郎殿は野山のけだものを狩りとりて朝夕の食物《じきもつ》として給へり。もしけものを得ざる日は田夫野人《でんぷやじん》の宝とする六畜《ちく》のたぐひ、たき木を負へる馬、田をたがへす牛などを奪ひ取り、うちころしなどして食しける有様、鬼神《きじん》といふは是成《これなる》べし。のちには人をも食ひ給ふべしとて、見聞きし程の者、皆々所をすてゝ四方へにげ散りし程に、伊吹の里の近きあたりは人住まぬ野原とぞ成《なり》にける」(14)という文章から十分に知ることができる。この弥三郎が里の姫のもとに夜な夜な通って懐妊させ、伊吹童子をもうけるわけであるが、弥三郎は姫の家でもてなしを受けたとき大酒を飲み、この酒がもとで死んでしまう。佐竹は、弥三郎の大酒による死を、ヤマタノオロチが大酒を飲んで酔ったすきにスサノオに殺される場面と重ね合わせている。卓見というべきであろう。

ところで、こうした弥三郎説話におそらく先行する形で存在していた話が『三国伝記』[15]巻六に書き留められていることに、佐竹昭広は注目する。

近江《おうみ》の国（滋賀県）伊吹山に弥三郎という変化《へんげ》の者が住んでいた。昼は岩屋に住み、夜は遠境に出かけては人家の宝を盗み、国土を荒らし廻ったので、近江の守護佐々木備中守《びっちゅうのかみ》源頼綱《よりつな》に、弥三郎を退治せよとの勅命が下る。やっとのことで頼綱は弥三郎を見つけ出し、この凶賊を退治する。しかし、その後、弥三郎の怨霊《おんりょう》が毒蛇と変じて田の水を枯らすという害をなしたので、弥三郎の霊を神として祀り上げ、「井の明神」と名づけた。

佐竹はこうした弥三郎の話を母胎にして伊吹山系統の「酒呑童子」説話が生成されたと考えたわけである。さらに谷川健一は、佐竹の説を敷衍《ふえん》させ、越後（新潟県）の弥三郎婆伝説と比較しつつ、鍛冶師《かじし》にまつわる伝承ではないかと推測している。[16][17]

いずれにせよ、日本文化の伝統のなかで、「退治すること」と「祀り上げること」とは相反する行為ではなく、並行・共存した行為であり、また退治してのちに祀り上げるといったこともなされていたことが、これによって確認しうるわけである。なぜ退治しただけで不十分なのだろうか。なぜ「祀り上げ」が必要だったのか。この問いは、おそらく怨《うら》みを抱いた霊に対して極度に恐れを表明する日本人の古くからの観念や説話上の処理と儀礼上の処理の違いなどと結びついている、と考えることから解釈しうるように思われる。

二「妖怪」の民俗的起源論

どのようにして妖怪は生じるのか

私たちは「妖怪」をどう規定するかを考えるために、「妖怪」への対応の二つの仕方、つまり「退治」と「祀り上げ」に着目し、日本人の「神」観念、「妖怪」観念の複雑な様相をかいまみた。そこで次に、日本人が「妖怪」たちをどのように理解しているかを、いくつかの「妖怪」についての民俗サイドからなされた起源伝承を検討しながら考えてみることにする。

民俗社会にはおびただしい数の「妖怪」や「魔」が棲んでいるとされている。たとえば、『遠野物語』(18)には、「ザシキワラシ」「天狗」「山男」「山女」「雪女」「カッパ(河童)」「キツネ」といった「妖怪」の類が記されている。民俗社会の人々が妖怪視するこうした形象がどのように形成されたかを分析するにあたって、佐竹昭広が「酒呑童子」を実在の凶賊柏原弥三郎退治事件の神話化として分析したり、谷川健一が「一つ目小僧」を金属の生産加工にたずさわった人々の信仰する神の零落したものとして分析してゆく方法も、興味深い妖怪起源論である。

しかし、こういった私たち研究者の側からの妖怪生成のプロセスの解明と並行して、「妖怪」を生み出し、それを信じる民俗社会の人々自身が考える妖怪起源論に注目することもまた、日本人の妖怪観をみるうえで大切なことである。もっとも、「妖怪」のすべてが民俗的起源伝承をともなっているわけではない。むしろ、そうした伝承をもっているものはきわめて少ない。とりあえず、私たちは、民俗社会の伝承や過去の説話群のなかから、いくつかを拾い出してみよう。

そのカテゴリーは大別すると、人間起源の「妖怪」と非人間起源の「妖怪」の二つに区分される。江馬務は、妖怪変化の本体を、「妖怪」の形態に応じて、人、動物、植物、器物、自然物、そのいずれか一つに類似したものと判断しえないもの、の六つに分けている。(19) しかし、私の場合は、「妖怪」の形態ではなく、「妖怪」が発生してきた母胎・本体が問題なのである。たとえば、青竜と化した菅原道真《すがわらのみちざね》の怨霊の場合、その本体は「蛇」ではなく、怨みをもって死んだ者の怨霊と考えようというわけである。

非人間起源の妖怪

日本人は妖怪がどのようにして発生すると考えていたのであろうか。まず、非人間起源の妖怪、つまり動物や人形などの妖怪について検討を加えてみよう。

『日本霊異記《にほんりょういき》』上巻第二「狐を妻として子を生ましむる縁」は、キツネという言葉の民間語源説を語る話であるが、ここに登場するキツネ（野干《やかん》）は人間の女に変化《へんげ》して人間の男と結婚し、男の子をもうけている。キツネが本来の姿とは別のものに変化しうるという思想は古代の中国にもみえるので、日本にもその思想が早くから浸透していたと考えられる。こうした変化《へんげ》の思想は今日においても広く民間に流布している妖怪の属性の一つで、それを備えた妖怪としてはキツネやタヌキがもっとも名高いが、これ以外にも数多くの動物や植物さらには器物などが変化すると考えられていた。

しかし、これらのすべてが無条件に変化するわけではなかったらしい。御伽草子の一つ『付喪神記《つくもがみき》』は、妖怪変化の一党が悪行《あくぎょう》を重ねたのちに、僧たちの悪魔降伏《ごうぶく》の祈禱によって調伏《ちょうぶく》され、妖怪変化たちは善知識を尋ねて発心《ほっしん》するという話であるが、この草子の冒頭に「陰陽雑記云、器物百年を経て、化して精霊を得てより、人の心を誑《たぶらか》す、これを付喪神と、号すといへり」(20)と書かれている。つまり、一〇〇年という長い歳月を経過すると、器物も霊を獲得し、ばけることができるようになるというのである。この付喪神は中世期にもっとも活躍したらしく、『百鬼夜行絵巻』など中世

期の絵巻にしばしば描かれている。(21)

こうした観念は器物だけにいわれたわけではなく、動物や植物についてもいわれており、さらに人間にも適用されていた。『今昔物語集』巻二七第二二の「猟師《かりびと》の母、鬼となりて子を噉《く》はむと擬《ぎ》するものがたり」は、年老いた母が鬼となって子どもを食べようとするが、逆に手を射落とされてしまう話であって、こうした思想が早くから浸透していたことを示している。

民俗社会でもっともよく耳にする非人間起源の妖怪譚は、キツネとタヌキの話であろう。夜道を歩いていたら美しい女に出会ったので、ついつい色欲をおこし、そのあとについていってひどい目にあったといった話は各地に残っている。こうした人をばかすことのできるキツネやタヌキは尋常のものではなく、特別の霊力をもったキツネやタヌキであって、それは古ギツネ・古ダヌキつまり年老いたがゆえに霊力を発揮しうるのだとされていることが多い。私が調査した、高知県香美郡物部村にある高板山《こうのいた》にも古ダヌキが棲み、里に出ては人をばかすと信じられていた。

カッパは民俗社会の妖怪のなかでももっともポピュラーな妖怪である。川や沼などに棲み、キュウリを好み、馬を水の中に引きずり込み、尻を抜くともいう。相撲も好きで、また独特の薬をもっているともいわれる。カッパのイメージは地方によって異なるが、猿に近く、背には甲羅《こうら》があって亀の属性ももっている。

カッパの起源はなんであろうか。これについてはおよそ三つの説が民俗社会で考えられていたようである。一つは人間が作った人形が変じたとする説、一つは外国から渡来したとする説、いま一つは牛頭《ごず》天王の御子神とする説。ここでは民俗起源譚を紹介しておこう(22)。

熊本県天草《あまくさ》地方の伝承によると、左甚五郎《ひだりじんごろう》が、さる大名の命を受けてその館《やかた》を造ろうとしたとき、期限内での完成が危ぶまれたので、たくさんの藁人形《わらにんぎょう》を作って生命を吹き込んで手伝わせ、めでたく完成することができた。その後、これらの人形を川へ捨てようとしたとき、人形たちが「これから先なにを食べたらよいのか」と問うたので、「人の尻でも食え」といった。それで人形がカッパになって尻を取るのだという。大分県直入《なおいり》地方では、さる真宗の寺を建立《こんりゅう》するとき、これを請け負った竹田番匠《たけだばんじょう》（大工職）は大工《だいく》の不足に頭を痛め、ヘラの木で人形を作り弟子に仕立てて使った。このために無事に寺を建立することができたので、この弟子たちを元の人形に戻して川に流した。これがカッパとなったという。ここで述べられている「竹田番匠」は「飛騨匠《ひだのたくみ》」や「左甚五郎」とともに〝大工の神〟としてあがめられた神話的人物で、近世に広く大工たちに信仰されていた。

各地のカッパ人形起源譚をみると、建造物を作るときの人夫不足を補うため、大工が呪力で人形に生命を吹き込んだことにカッパの起源を求めている。したがって、この種の伝承には大工職が深く関係したと想像されるのである。

ここで想起されるのは、松谷みよ子が関西で聞いたという行基《ぎようき》伝説である。彼女は、ある池が行基によって作られた話を耳にする。

この池は行基さんが掘ったという。そのとき、土の人形を使って掘ったそうな。それが一つのいい伝えで、つぎは池を掘るとき、工事中、まわりの村々から娘たちがでて、お茶汲《く》みの競争をしたという。工事が終ったとき、競争に勝った村の娘さんに褒美《ほうび》には何が欲しいかと聞いた。するとその娘は、「この池が欲しい」といった。欲しいといわれてもそれは困る、やるわけにはいかん、というと、娘はざんぶとばかり池にとびこんで大蛇になってしまった。これが二つ目のいい伝えである。すると負けた村の娘たちは口惜しがって火の玉となり、それ、今、あなたが立っているこの土手をごろごろところがりながら、行基さんのいる寺へ、寺を焼こう寺を焼こうと、ころがっていったという。それが三つ目のいい伝えだった。(23)

そしてこの伝承を聞いたあと、彼女はこの伝承のなかで述べられている土の人形の子孫が今日もなおこのあたりに住んでいることを、しかも一種の差別を受けながら生きていることを知るのである。

大工が人夫として藁から作った人間、行基が人夫として土から作った人間、一方はカッパとなり一方は差別される人々になっている。表面上は位置づけが異なるかにみえるのであるが、妖怪や魔の問題を追究してゆくと、妖怪の問題と差別の問題は深いところで関係しあっているのが明らかになるであろう。[24]

「妖怪」に変身する人間

日本の「妖怪」のなかでも、とりわけ興味深く、そして恐ろしいのは、人間が変身した「妖怪」である。日本の文化伝統には、美しい女がみるみる恐ろしい妖怪に変じてゆくというイメージが脈々と流れている。女ばかりではなく、男もまた妖怪に変身してゆく。

こうした「妖怪」は、人間の内面の姿が外面に表れたものとして説かれる。そしてその説明はしばしば仏教的色彩を強く帯びている。たとえば、『本朝法華《ほけ》験記《げんき》』巻下第一二九「紀伊国牟婁《むろ》郡ノ悪女」をもって初出とする道成寺《どうじょうじ》説話の女は、惚《ほ》れた若僧が自分を裏切ったことを知って大いに恨み怒り、竜蛇に変じて、道成寺の鐘のなかに逃げ隠れた件《くだん》の僧を焼き殺す。初期の伝承では自分の家で変身するが、中世の絵巻などでは、若い僧を追いかけて行く途中の日高川において恐ろしい竜蛇に変身するとなっている。そして竜蛇と化した女とその夫にされた若僧（これも竜蛇に化した）の二人の霊を鎮《しず》めるために、道成寺の高僧は二人の供養《くよう》のための法会《ほうえ》を催したという。この仏教の「供養」は、神道系でいう「祀り上げ」に相当するものである。『平家物語』「剣の巻」にみえる「宇治《うじ》の橋姫《はしひめ》」もまた恋の恨みのために鬼に変身する女を描いている。

ある公卿《くぎょう》の娘、あまりに嫉妬《しっと》深く、貴船《きぶね》の社に七日籠《こも》って、「願《ねがわ》くは七日籠りたる験《げん》に、我を生きながら鬼神にして欲しい。妬《ねたま》しと思っている女を、取り殺したい」と祈ったところ、「鬼になりたければ、姿を改めて宇治の川瀬に行き、二一日間浸《ひた》れ」との示現《じげん》があった。女は喜び、人なき所に籠り、長い髪を五つに分けて角《つの》に擬し、顔には朱《しゅ》をさし、身には丹《に》を塗り、鉄輪《かなわ》を戴き、その足には松を燃やし、松明《たいまつ》を口にくわえて両端に火をつけ、夜の更けた大和大路へ走り出て、宇治の川瀬に浸ること二一日、ついに生きながら鬼となった。そして妬しと思う人たちを次々に取り殺していった。これを宇治の橋姫という。[25]

「宇治の橋姫」をめぐる説話には、御伽草子の『橋姫物語』のような、同じ橋姫という名をもちながらも、これとは別系統の話も伝わっているが、「剣の巻」で示されている「橋姫」は、嫉妬深さのあまり自ら人間から鬼へ変身することを望み、しかも望みどおり鬼になることができた事例として興味深い。また、『神道集』巻七「橋姫明神の事」には、「そもそも橋姫と申す神は日本国の内大河小河の橋を守る神なり。しかれば摂州《せっしゅう》（大阪府）長柄《ながら》の橋姫、淀《よど》の橋姫、宇治の橋姫なんとは申してその数多《あまた》申すも云々」[26]と述べられ、各地の橋を守護する神として橋姫が祀られていたことがわかる。しかも『神道集』の記事は「人柱《ひとばしら》」を内容としており、柳田国男[27]や矢代和夫[28]をはじめとする研究者が指摘するように、橋姫をめぐる伝承は錯綜しているようである。

御伽草子の『磯崎《いそざき》』もまた女の嫉妬が変身を導くという思想を語り示している。磯崎という侍《さむらい》が、鎌倉から新しい女を連れて来る。これを知った本妻は新しい女を妬み、猿楽師《さるがくし》から鬼の面や打杖《うちづえ》など一式を借り受け、それを身につけて女の所に乱入し、驚き恐れる女を打ち殺してしまう。さて本妻が鬼の面を取ろうとすると、どうしたことか面はぴったり肌に吸いつき離れなくなってしまうのである。内面が鬼に変じ

たとき、鬼の面をつけることによって外面もまた鬼に変じてしまった、というわけである。(29)

これらの説話は庶民のあいだで読まれたり、語られたりしたもので、そのための変形を受けていることは否定できない。しかし当時の人々の「妖怪」についての観念を表現しているのもたしかである。

それでは、民俗社会にこうした「妖怪」が示現したとき、人々はどのように対処するのであろうか。あるいは、どのような人間を「妖怪」に変じたとみなすのであろうか。こういった疑問に的確に答えてくれる民俗資料は少ないが、松本実が高知県物部村で採集した次のような話には、民俗社会における人間から「妖怪」への変身のあり方がよく示されている。

西谷《にしたに》におばあさんが住んでいた。年をとってだんだん仕事ができなくなったので、孫の守《も》りをして暮らしていたが、いつのころからか、子どもを連れていると鼻でクンクンにおいをかぐようになった。家の者は奇妙に思い、このおばあさんを嫌いはじめた。山仕事が忙しいある日、家の者はいやいやながらおばあさんに子どもを頼んで仕事に出かけ、夕方帰ってみると、無残にも子どもの腕はおばあさんに食われてしまっていた。驚き恐れた家の者は、「この鬼ばばを殺してしまえ」と、隣近所を呼び集め、薪を山と積み、そのなかにおばあさんを投げ込み焼き殺してしまったという[30]。

すなわち、社会の道徳、社会の秩序を破った者、人間である限り行なってはならないことを行なってしまった者は、もはや民俗社会に住むことは許されないのであって、そうした人々は反社会的人間、つまり「魔」の人、「妖怪」としてイメージされ、社会から抹殺されたり、追放されたりするのである。実生活においては、物語の展開とは逆に、反社会的行為つまり結果があって、その行為の原因として人間の「妖怪」への変身が想像され決定されるといえる。この話を、すでに紹介した『今昔物語集』巻二七第二二の「猟師の母、鬼となりて子を噉《く》はむと擬するものがたり」と重ねて読むと、その思想がよくわかるであろう。

怨霊と御霊

生きながら妖怪と化す人間がいる一方、死者もまた妖怪となって人々を脅かすことがあると考えられていた。現世に思いを残したまま、とりわけ恨みを残したまま死んだにもかかわらず、生きている人々が死者の霊に対してしかるべき処置、つまり「祀り上げ」や「供養」をしないときに、こうした死霊は妖怪となって人々の前に現れる。こうした霊を、私たちは「怨霊」とよんでいる。怨霊は個人の前に現れる場合と、不特定多数の前に現れる場合とがあるが、より深刻なのは社会的問題となる、後者の場合である。

怨霊の示現の仕方には、可視的なつまり直接的な仕方と、不可視的つまり間接的な仕方の二つのタイプがあるが、通常、社会的な問題となるのは、不可視的な示現である。これは「祟り」として理解される。たとえば、社会に疫病が流行したり、天変地異が続いたり、次々と死人が出たりしたとき、その原因を怨霊の祟りと判断するような場合である。九世紀以降、宮廷の史書などに「御霊《ごりよう》」という文字が記され始めるが、この御霊とは一言でいえば、こうした怨霊の祟りを鎮めるために祭儀を催して、「神」に祀り上げた霊を意味している。

怨霊のための祭儀つまり「御霊会《ごりようえ》」の記事の初出は、『三代実録』貞観《じようがん》五年(八六三)五月二〇日の条である。それによると、当時、疫病が流行し、死ぬ者がはなはだ多く、世間ではこれを怨霊の生じるところとみなし、京畿から始まっていまや各地に及び、夏秋に至るごとに御霊会を修したという。そしてこの年も災厄が多く、ついに民間のみでなく朝廷もまたこの御霊会を神泉苑《しんせんえん》で催したわけである。この御霊会でとり上げられている御霊は、ともに政争に破れて誅《ちゅう》せられた、崇道《すどう》天皇（早良《さわら》親王）、伊予《いよ》親王、藤原夫人および観察使、橘逸勢《たちばなのはやなり》、文室宮田麻呂《ふんやのみやたまろ》の六人の怨霊であった。(31)

しかし、こうした怨霊信仰の先駆形態は、すでに奈良時代に存在していた。たとえば、天平宝字《てんぴょうほうじ》元年（七五七）七月、橘奈良麻呂《ならまろ》の変でその一党の多くが獄死した直後の勅に、逆徒はみな誅伐《ちゅうばつ》されたが、民間においてその亡魂に仮託して浮言《ふげん》をなし、郷邑《きょうゆう》を騒ぎ乱すものも同罪とすると述べており、また、宝亀《ほうき》三年（七七二）三月に、天皇を呪詛《じゅそ》したかどで皇后の井上内親王が、同五月にその子である皇太子他戸《おさべ》親王が廃され、宝亀六年（七七五）に謎の死をとげて以降、宮中でしきりに妖しいことが起こり、このため大祓を催し、また、巷《ちまた》では周防《すおう》（山口県東部）のある男が、他戸皇子と名乗って百姓を惑わしたということで伊豆《いず》に流されている。怨霊たちは早くから宮中のみでなく、庶民の間でも広く活動していたわけである。

最初のころの御霊会は臨時のもので、常設された堂や社をもたなかったが、やがて、京では、御霊会で名高い祇園《ぎおん》社などの創建にまで発展した。

歴史上もっとも名高い御霊は、政敵藤原時平との政争に敗れて大宰府《だざいふ》に配流された菅原道真の霊であろう。延喜《えんぎ》三年（九〇三）に亡くなってから二〇年ほど経った延喜二三年（九二三）に、早くも皇太子保明《やすあきら》親王が若くして亡くなったことについて、世間では菅公《かんこう》（道真）の霊の祟りのためであるとする考えが生まれていた。こうした道真の怨霊のことが正史に登場しておよそ三〇年ののちに、彼の霊を祀った北野天神社の存在が具体的なものとして、史書に見えはじめている。つまり彼の怨霊が「神」として祀り上げられたわけである。猛威をふるう道真の怨霊は、民間の雷神信仰と結びつき、さらに雷神を竜蛇と重ねて考える信仰との関連から、のちの『北野天神縁起《えんぎ》』諸本においては、道真の怨霊の示現の場面は、雷神（鬼）もしくは竜蛇の姿で表されることが多い。

民間の怨霊信仰がいつごろから発生したかは定かでない。しかし、奈良時代にはすでにそうした信仰の形跡がみられるので、相当古くから広がっていたにちがいない。そして、こうした信仰は京で形式を整えた御霊会の影響を受けつつ、広く民間信仰化していったと想像される。とくに祖霊や死霊との結びつきを、一方では新年の祭や盆行事のなかに見いだすとともに、他方では災厄という形をとった祟りのなかに見いだすという思考が定着していった。疫病が流行すると、その原因を怨霊に求め、その霊を「神」に祀り上げるという風習や伝説が民俗社会には多いが、これらは明らかに「御霊信仰」を抜きにしては語れず、そしてその信仰の根底には荒ぶる神＝「妖怪」

を祀り上げることで鎮める上代からの信仰があったといえよう。

たとえば、「虫送り」や「厄神送り」といった民俗行事には、この御霊信仰の影響が強く現れており、東北地方の番楽《ばんがく》（主に秋田・山形など、東北地方の日本海側に伝わる、山伏・修験たちの行なった神楽）や三河地方の花祭、南信地方の霜月祭《しもつき》（湯立てを中心とする神楽）などもまた怨霊鎮めとして発生してきたと考えられている。戦乱が続いた中世はこうした御霊、怨霊が跋扈《ばっこ》した時代であり、『平家物語』をはじめ、多くの中世文芸や芸能もまた怨霊信仰、御霊信仰の影響を無視することはできないのである。

ところで、この世に恨みを残して死んだ菅原道真の霊は、死後、怨霊と化し、その示現の姿は雷神や竜蛇として表されているが、彼の霊ばかりでなく、死霊や怨霊が可視的な「妖怪」として表される事例は数多い。たとえば、伊吹弥三郎は、死後、竜蛇と化して人々に祟りをなしていたし、また、神泉苑の御霊会で祀られた怨霊六人は、死後、鬼と化して災いを生じているとされている。すなわち、当時の人々のあいだでは『平家物語』「剣の巻」の橋姫や道成寺説話の清姫のように、生きたまま鬼や大蛇といった「妖怪」になるという信仰のみでなく、死後に人が鬼や大蛇などの「妖怪」に変ずるという信仰ももっていたのである。

『宇治拾遺物語』「日蔵《にちぞう》上人吉野山にて鬼にあふ事」に描かれている鬼も、その一例である。

たけ七尺ばかりで、「身の色は紺青《こんじょう》の色にて、髪は火のごとくに赤く、くび細く、むね骨は、ことにさしいでて、いらめき、腹ふくれて、脛《はぎ》は細く有《あり》ける」というこの鬼は、日蔵上人に自分の身の上について、「われは、此《この》四五百年をすぎてのむかし人にて候《さぶらい》しが、人のために恨《うらみ》をのこして、今はかゝる鬼の身となりて候。さてその敵《かたき》をば、思《おもい》のごとくに、とり殺してき。それが子、孫、ひこ、やしは子にいたるまで、のこりなくとり殺しはてて、今は殺すべき者なくなりぬ。されば、なほかれらが生れかはりまかる後までも知りて、とり殺さんと思候《おもいさぶろう》に、つぎ〳〵の生れ所、露もしらねば、取《とり》殺すべきやうなし。瞋恚《しんい》の炎は、おなじやうに、燃ゆれども、敵の子孫はたえはてたり。我ひとり、つきせぬ瞋恚の炎に、もえこがれて、せんかたなき苦をのみうけ侍《はべ》り」と語る。(32)

怨霊が鬼となって憎むべき者の一族を次々と取り殺し、とうとう殺すべき者が一人もいなくなったが、それでも怨念は消えず、苦しんでいるというのだ。

人に見える死霊＝幽霊

これまでの考察で、人間に起源をもつ「妖怪」を眺めてきたのであるが、ここで少し脇道にそれ、近世に入って急激に変質した「幽霊」について簡単に検討しておこう。

「幽霊」は「亡霊」とほぼ同義に用いられている語で、死者が死後に生前の姿でこの世に現れたものを意味している。出現の理由は恨みのみでなく、広くこの世に思いを残したことによったり、死者に生前ゆかりのあった者が死者を想《おも》う念が深く、その念に導かれて出現したり、何か頼みごとをもって出現したり、多様である。

柳田国男はオバケ（変化《へんげ》）と幽霊を区別し、幽霊は定められたときに、特定の相手を目指して出現すると述べている。[33] しかし、柳田の頭のなかにあった幽霊は江戸時代に変質をとげたころの幽霊であったらしく、古代から現代までの幽霊をみる限り、もっと多様な出現の仕方をしている。池田弥三郎は、柳田の考えを発展させ、「場所に執する霊」を妖怪、「特定の個人に執する霊」を幽霊というように大雑把に区別すべきだと述べている。[34] しかし、私はここで幽霊を細分化したり、妖怪と区別してみることにそれほど関心はない。むしろ、私は祀られぬ霊的存在を妖怪と考えているので、幽霊を「妖怪」の一つ、それも死霊の特殊なタイプ、つまり生前の姿で生者の前に現れる死霊とみなしている。

たとえば、次の二つの事例を読み比べてみるのもよいであろう。『今昔物語集』巻二七第二や『宇治拾遺物語』巻一二第一五などに、宇多《うだ》天皇が左大臣源《みなもとのとおる》融の幽霊を見る話が載っている。(35)

川原《かわら》の院は左大臣源融が造営した家であったが、その子孫が宇多院に献上したので、院が住んでおられた。そのときのこと、ある夜半、西の対屋の塗籠の戸を開けて、誰やらさやさやと衣ずれの音をさせてやってくる気配がした。見ると、きちんとした束帯姿の人が太刀をはき笏を手にして、二間ほど離れた所にかしこまっていた。院が「何者か」と問うと、「この家の主人の老人でございます」と答えたので、「融の大臣か」と問うと、「さようでございます。院が私の家に移り住まわれ、畏《おそ》れ多く、しかも窮屈しております」と恨みごとを述べたので、「これは異なことを申す。私はここをお前の子孫にゆずられたのだ。死んだ方の霊とはいえ、事情を知らずになんということを申すのだ」と声高《こわだか》に言うと、霊は消え失せ、以後再び姿を現すことはなかったという。(36)

『今昔物語集』巻二七第一一には、伴善雄《ばんのよしお》の霊が膳部《かしわで》（料理人）の前に姿を現した話が記されている。

ある所に膳部がいた。すべての仕事を終えた夜の一〇時ごろのこと、人が寝静まったあと、家の外に出ると、「赤き表《うえ》の衣《きぬ》を著《き》、冠《こうぶり》したる人の、いみじくけ高く怖ろしげなる」人と出会った。そして「私を誰かお前は知っているか。私は昔この国に生きていたとき大納言《だいなごん》伴善雄という者であった。伊豆に配流されて、早死にしたが、今は行疫《ぎょうやく》流行神となっている」と名乗り、「いま天下に流行している咳病《がいびょう》（流感）は、本当ならば国中の者が死んでしまうほどのところを、公に仕えた恩によって自分が咳病に留《とどめ》させた。これを言い聞かせたいがために、こうして現れたのだ」と告げて搔《か》き消えた。それ以後、行疫流行神は伴善雄の死霊であると、人々が知るにいたった。[37]

この二つの話を比較してみると、話の構成自体には大差がないことがわかる。融大臣、伴善雄のいずれも生前の姿らしき様子で登場し、しかも死者のメッセージを生者に伝えるための出現である。融の場合、その出現理由が院に自宅を奪われたことへの恨みごとをいうためである。これに対し、善雄の場合は、政争に敗れて早死にし、おそらくその怨《うら》みゆえであろう、冥界において行疫流行神という厄病神つまり「妖怪」になったということと、今回の流行病は手加減をしたのだということを伝えるために出現する。後者では善雄が行疫流行神と名乗っているために異形の「妖怪」に近づいているが、実質は幽霊と大差ない。つまり、融も善雄もその出現時の姿が生前の姿でなく、異様な姿のもの、たとえば鬼の姿で出現すれば、同じ死霊でも、幽霊ではなく、妖怪となってしまうはずである。このようなわけで、私は幽霊を死霊の特殊なタイプ、「妖怪」の特殊なタイプとみなそうと考えるわけである。もっとも、幽霊を研究操作概念として他の妖怪変化から切り離し独立させてもかまわない。それによって幽霊の性格が変わるわけではないのである。

　藤原信実《のぶざね》の筆と伝えられる承久本『北野天神縁起』の一場面に、道真の幽霊が延暦《えんりやく》寺《じ》座主《ざす》尊意を、夏の夜、妻戸《つまど》を叩いて訪問するところが描かれている。その姿はまさしく生前の立派な束帯《そくたい》姿であって、その絵を見ただけでは幽霊と思う人はいないであろう。

　こうした生前の姿で出現する幽霊話は、今日まで語り続けられているが、その一方では、江戸後期に『東海道四谷怪談』などの幽霊芝居が評判になり、そうした芝居の趣向の影響を受けて、幽霊の姿も大きな変質を遂げることになる。すなわち、都市の幽霊の絵画表現が、近世の初めごろから棺《かん》に納めた死人の姿で出現するように描かれるようになり、さらに享保《きょうほう》ごろから、その顔や口、手、爪《つめ》などが異常な姿かたちに描かれ始め、加えて特定の個人への恨みがそうした幽霊と深く結合するようになってくるのである。つまり、死者の霊が冥界に行かず、恨みのために現世に留まり、死体を蘇《よみがえ》らせたり、棺のなかから出現したりするというわけである。しかも、このころから、足のない幽霊のイメージが形成されてくる。そしてまた、幽霊の姿の多様化もすすみ、その結果「妖怪変化」に再び近づいてしまうものも出てくるのであった。

このように、江戸期以降の幽霊絵は江戸文化が発展させたもので、きわめて特殊なイメージといえるように思われる(38)。今日、一般の人々がイメージする幽霊は、こうした江戸期の芸能や美術のなかにおいて描かれた幽霊であるが、しかし、巷で聞く幽霊に遭った人々の話の幽霊は、「幽霊を乗せたタクシー」のように、むしろ古来からの幽霊の姿つまり生前の姿で現れている。文芸の世界の幽霊と民俗社会・庶民社会の幽霊とのあいだには、大きな差異があったというべきであろう。

三　呪詛と憑霊

呪詛――魔に身を任せた人々

これまで私たちは、かつて人間であったものが「妖怪」へと変貌してゆくという思想を、生きた人間と死んだ人間の二つの側面からみてきたわけであるが、その過程で生者、死者そのいずれであろうと、妖怪化の契機となっているものが恨みや妬み、憎しみといった人間の心の内部に生じる邪悪な感情であることを明らかにしてきたはずである。日本においては、西欧のように神に敵対する悪魔につけ入られ、誘惑されるというのではなく、自分自身の内部に生じた邪悪な感情が度を越えたときに、人間は人間社会から離脱し、「魔」や「妖怪」の領域へと身を移してゆき「妖怪」や「魔」に変じることになるのであった。

その場合の私たちの関心は、どちらかというと、心の内部で生じた悪が、肉体の表面や肉体全体の形を変えた結果として妖怪に向けられていた。しかし、こうした肉体の変容は、人間の妖怪化・魔物化の究極的な形態であり、神話的想像力の働きを介して形作られたものである。むしろ、人間の妖怪化を考えるにあたっては、人間の姿を変えるまでにいたらせる心、の内部に生じる邪悪な感情それ自体にも目を向けなくてはならない。すなわち、人間の姿を妖怪化させてはいないが、心のなかが度を越えた怨念・嫉妬に占有された、つまりまさに妖怪化した心をもった人々が、社会に数多く存在しているということを知らねばならないのだ。

もっとも、こういった人々がいるとしても、外面は普通の人間と同じなので周囲の人々に気づかれることはない。しかし、そうした邪悪な心をもった人々は、その心に導かれて反社会的な行為に及ぶ。そのとき、「妖怪」が社会のなかに顕現化するわけである。

反社会的行為には、殺人、放火、食人などさまざまな行為があるが、そのなかでももっとも邪悪で恐ろしいのは、人目を忍んで行なわれる、「呪詛」つまり「呪い」であった。呪詛とは、一定の所作や言葉によって超自然的な力や存在に働きかけ、憎むべき敵を殺したり病気にしたりしようとする行為で、文化人類学では「邪術《じゃじゅつ》」と呼びならわしている(39)。

呪詛の記述は、早くも『古事記』や『日本書紀』にみえている。たとえば、『日本書紀』神代第九段（一書第二）によれば、醜いがためにニニギノミコト（瓊瓊杵尊）

に疎《うと》まれ、美しい妹のコノハナサクヤヒメ（木花開耶姫）がニニギと結ばれたことを妬んだイワナガヒメ（磐長姫）が、一夜で妊娠したコノハナサクヤヒメの腹のなかの子を、「もしあの方が私を妻に迎えてくれたならば、私の生まれて来る子に長寿を与えたのに、自分の妹を妻に迎えてしまった。こうなった以上、生まれて来る子には、木の花が移り落ちて行くのと同じような命を与えてやろう」と呪いをかけたという。そのために、人間の命は移ろいやすく老いやすいというわけである。

『古事記』中巻にみえるアキヤマノシタビオトコ（秋山之下氷壮夫）とハルヤマノカスミオトコ（春山之霞壮夫）の兄弟の呪詛譚は、呪詛の仕方が詳しいことでよく知られている。すなわち、伊豆志《いずし》の八前《やまえ》の大神の娘にイズシオトメ（伊豆志袁登売）という神がいた。多くの神々が彼女に懸想《けそう》したが誰にもなびかなかった。シタビオトコもふられた一人であった。彼は弟に「あの娘を手に入れたら、たくさんの酒や山海の品々をやろう」と約束した。弟は母の援助を得て、彼女を妻にすることができた。これを妬んだ兄は約束をいっこう果たそうとしなかった。これを聞いた母はおおいに怒り、シタビオトコに呪いをかけて重病にし反省させる、という話で、その呪詛の様子は次のようなものであった。

母はシタビオトコを象徴するもの、つまり石と塩を混ぜ合わせ竹の葉に包んで作ったものを詛戸《とこいど》（人を呪うのにつかう呪物）とし、それを粗目《あらめ》の竹籠に入れ、「此の竹の葉の青むが如く、此の竹の葉の萎《しな》ゆるが如く、青み萎えよ。又《また》此の塩の盈《み》ち乾《ふ》るが如く、盈《み》ち乾《ひ》よ。又此の石の沈むが如く、沈み臥《こや》せ」と呪詛の言葉を述べ、この詛戸と同じ運命にあうようにしようとしたのであった。そして、その呪いの結果、シタビオトコは八年間も病気で苦しみ、ついに母に許しを乞い、母はそれを聞いて呪詛を解除してやると、彼の身体は元の状態に戻った[40]。

ところで、この事例からもわかるように、呪詛という行為が、いちがいに反社会的であるとするわけにはいかない。「呪詛」は人に災いをもたらすという点で恐ろしい呪術であるが、それを行使する個々のコンテキストや人間関係の位置によって、好ましい呪術ともなったり、邪悪な呪術ともなったりするのである。右の事例の場合、呪いをかけられたシタビオトコのほうに非があり、母の呪詛はその非を戒めるためのものであった。したがって、悪に対抗するための呪術、善なる呪いという性格が強い。しかし、個人的には許しがたい人間であっても、社会的には罪のない人間に対して呪詛という手段で怨みを晴らそうとすることも多い。コノハナサクヤヒメがイワナガヒメに呪詛された場合などは、明らかに呪詛するイワナガヒメの側に非があるというべきであろう。

呪詛する者が批難され、告発されるのは、こうした呪詛を行なったときであって、発見されれば、社会から処罰されるのが一般的であった。というのは、彼らは「人間」としての本分を逸脱し、もはや「人間」ではなく、「魔」や「妖怪」の世界に身を任せた人々とみなされたからである。

もちろん、コノハナサクヤヒメを呪ったイワナガヒメは、その結果として姿かたちが「妖怪」に変身したわけではない。しかし、後世において邪悪な呪詛を行なう者の姿を妖怪（鬼）への変身と重ねて描いており、反社会的な呪詛つまり邪術を行なう人々は、妖怪に近い存在なのであった。呪詛する者と妖怪とはつねに変換可能な存在と思考されていたようである。たとえば、さきに紹介した『平家物語』「剣の巻」に描かれている「宇治の橋姫」は、憎いと思う女を呪い殺すために、平安時代のころから呪詛を引き受けてくれる神として民衆の間に知られていた貴船《きぶね》社に、いわゆる「丑《うし》の刻《こく》参り」を行なった末に、「鬼」に変じて思いを遂げている。

ところで、私が調査を行なった高知県物部村でも、呪詛はしばしば行なわれている。この地方では「呪詛」のことを「因縁調伏」とか「呪い調伏」とか呼ぶのが一般的である。呪詛するには、土地の祈禱師に依頼する場合と自分で行なう場合とがあり、普通の村人が自分で行なう「呪い調伏」は、通常、敵に見立てた藁人形や敵の写っている写真を手に入れて、それに針や釘を刺し、敵をそれと同じ運命に遭わせようとする邪術と、「イヌガミ」（犬神）とか「ナガナワ」（長縄）とか「サルガミ」（猿神）などの特定の動物霊を操作して、それを敵に憑依《ひょうい》させて苦しめるという邪術、の二つのタイプがみとめられる。(41)

この種の邪術は、広く全国各地に分布していたもので、前者の信仰は典型的には「丑の刻参り」と結びついて広く全国に流布し、後者の信仰は、関東地方では「オサキ」（狐）、中部地方では「クダ」（狐）、中国地方では「ニンコ」（狐）、九州・四国地方では「トウビョウ」（蛇）や「イヌガミ」（犬）という形をとって伝承されている。後者はいわゆる「憑きもの」と呼ばれる信仰である。

民俗学者の報告によれば、こうした「憑きもの」は村内の特定の家（筋《すじ》）に飼い養われていると考えられており、そしてその家の主人が誰かを呪詛したいと思ったとき、主人はこの飼い養っている「憑きもの」に祈願したり命令したりして、「憑きもの」（動物霊）を敵のところに送りつけ憑依させて、病気や死などの災厄を敵の身に生じさせる、と信じられているという。(42)

たとえば、四国を中心に根強く信仰されている「イヌガミ」の起源譚には、こうした呪詛に用いる「イヌガミ」の製法の様子が生々しく描かれている。その一つを『土《ど》陽淵岳志《ようえんがくし》』という書物から紹介しよう。

或人曰《いわく》、讃州東ムギト云所ニ、何某人ニアダヲムクユル子細《しさい》有リ、然《しか》レドモ天時至ラズシテ、明暮是《これ》ヲ歎ク。アル時手飼ノ犬ヲ生ナガラ地ニ掘埋メ、首バカリ出シ、平生好処《このむところ》ノ肉食ヲ調《ととのえ》テ、犬ニ謂《いい》テ曰、ヤヨ汝ガ魂ヲ吾ニアタヘヨ、今此肉ヲ喰スベシトテ、件《くだん》ノ肉ヲ喰セ、刀ヲ抜キテ犬ノ首ヲ討落シ、ソレヨリシテ犬ノ魂ヲ、カレガ胸中ニ入レ、彼、アダヲナシタル人ヲカミ殺シ年来ノ素懐《そかい》ヲ遂《とげ》ヌ。ソレヨリカレガ家ニ伝リテ犬神ト云者ニナリ、婚姻ヲナセバ、ソノ家伝リテ、扠《さて》土佐国《とさのくに》ヘハ、境目ノ者彼国ヨリ婚姻シケルヨリ入来ルト云[43]。

他人を恨んでいる者がその恨みを晴らせないでいた。そこでついに自分の飼っていた犬を殺し、その犬の魂魄《こんぱく》を敵に憑依させて殺害したというのである。そしてその子孫が「イヌガミ筋」の家となった、と説明されている。これと同様の伝承は、四国の各地に伝えられている。

人形《ひとがた》による呪詛の記述は、『日本書紀』用明《ようめい》天皇二年（五八七）夏四月の条の「中臣勝海連《なかとみのかつみのむらじ》、家《おのがいえ》に衆《いくさ》を集《つど》へて、大連《おおむらじ》を随《い》助《たす》く。遂《つい》に太子《ひつぎのみこ》彦人皇子《ひこひとのみこ》の像《みかた》と竹田皇子《たけだのみこ》の像《みかた》とを作《つく》りて厭《まじな》ふ」(44)を初出とする。

この呪詛技術と、すでに紹介したシタビオトコ・カスミオトコの母の呪詛技術とを比較すると、かなり質的な違いを感じざるをえない。おそらく、右の事例の技術は、日本古来からの呪詛伝統をふまえつつも、直接的には、交流の深まりつつあった大陸から輸入された「蠱道《こどう》」を含む道教・呪禁道《じゆごんどう》・陰陽五行《いんようごぎよう》思想の影響を受けたものであったと思われる。とくに、奈良朝の時代には、政府内の典薬寮《てんやくりよう》に呪禁道の研究・教育を行なう部門があって、呪禁博士・呪禁師を中心に蠱道を含む呪術が、病気その他の災厄を除いたり防いだりする目的で研究・教育されていた。しかも、この呪禁道には、人を呪ったりする邪術も含まれていたらしい。この部門が、平安朝の時代に入るまでに廃止されてしまうことがなによりもそのことを暗示している。奈良時代には、貴賤を問わず多くの人々がこうした呪禁道系・道教系の呪術・邪術に魅了されたらしく、何度もその種の邪術や邪教の禁止・弾圧が政府の手でなされている。

当時の邪術は、「厭魅《えんみ》」と「蠱毒《こどく》」と呼ばれるものを中心としていた。「名例律《みようれいりつ》裏書」によれば、「厭魅」とは、次のようなものであった。「邪俗陰《ひそ》かに不軌を行ふ。あるいは人形を作り、心を刺し眼に釘を打ち、手を繋ぎ足を縛り、前人をして疾に苦しめ死に及ばしめんと欲する者なり」。これに対して、「蠱毒」は、「蠱に多種ありて、備《つぶ》さに知るべからざる、あるいは諸蠱を集め合せて、之を一器の内に置き、久しく相食《は》ませ、諸蠱皆悉《ことごとく》尽き、若し蛇あらばすなはち蛇蠱と為すの類《たぐい》なり。畜《ちく》とは、謂《い》はく、猫鬼の類を伝へ畜へることなり」。

皇極《こうぎょく》天皇三年（六四四）に起こった「常世《とこよ》神《がみ》」事件、天平《てんぴょう》元年（七二九）に起こった長屋《ながや》王の「左《さ》道《どう》」を行なったことによる失脚・自殺事件、神護《じんご》景雲《けいうん》三年（七六九）に起こった県犬養宿禰姉女《あがたいぬかいのすくねのあねめ》による称徳《しょうとく》天皇呪詛事件などは、いずれもこうした呪禁道系の呪術として流布した「厭魅」「蠱毒」に学んだものであったらしい。とりわけ興味深いのは、称徳天皇呪詛事件で、佐保川の川辺から拾って来た髑髏《どくろ》のなかに、秘《ひそ》かに手に入れた称徳天皇の髪の毛を入れて呪詛した、という嫌疑がかけられたことである。この当時、すでに邪悪な呪術の道具として頭蓋骨を利用するという観念があったということは、おおいに注目すべきことであろう。

こうした呪禁道・道教系の邪術は、度重なる弾圧によって地下に潜り、呪禁師たちの名も文献のうえから奈良中期以降姿を消してしまうわけであるが、その邪術の伝統は秘かに陰陽道の専門家である陰陽師を中心に伝承され、やがて広く民衆の間に浸透

していったようである。(45)

生霊憑き・死霊憑き・動物霊憑き

「生霊《いきりょう》」とは、生きている人間に宿っている霊魂のことである。その霊魂の働きがあって人間は生きていることができると考えられてきた。「死霊」とは、死んだ人の霊魂のことである。こうした個々人に宿っている「生霊」や「死霊」が、別の人間の肉体のなかに乗り移るつまり憑依する。これが「生霊憑き」であり「死霊憑き」である。しかも「生霊」の他人への憑依は、憑かれた人間にとって好ましいものではなかった。病気や死という災厄をもたらすために憑依したからである。

日本の歴史のなかで、もっとも「生霊」や「死霊」が活発に活動した時代は、平安王朝期であった。当時の日記類や説話集、文学作品（物語）などには、おびただしい数の「生霊」や「死霊」の活動が記されている。「生霊」や「死霊」は、最初から、自分はどのような「霊」であるかを名乗って他人に憑依するわけではなかった。むしろ誰それの「霊」であると憑かれた者たちに知られることは、「霊」にとって敗北を意味していた。憑霊の正体を知れば、憑かれた者たちは、それに対処する方法を知り、憑霊を祓い落とし追い返してしまうことができるからである。平安時代においては、こうした正体の知れない憑霊を「もののけ」(物の怪)と呼んでいた。それは文字どおり人知では理解しがたい超自然的存在全体を意味する「もの」の発現、つまり「ものの怪」であり「ものの気」であった。(46)

『栄華物語《えいが》』には、「もののけ」と対立させて「かみのけ」(神の怪)という言葉が用いられる場面がある。すなわち、原因不明の病気を治すために招かれた祈禱師が、災いをなしている霊が「もののけ」であればわれわれに治せるが、「かみのけ」であれば、われわれの手にはおえない。その場合は陰陽師の手を借りねばならない、と答えている。おそらく「もののけ」という観念には、より厳密には人間の邪悪な心・感情に端を発した悪霊、人間に起源する悪霊つまり「生霊」や「死霊」といったものが意味され、強調されていたのであろう。これに対して、「かみのけ」は、神々の祟りのように、非人間起源の霊の示現が強調されていたように思われる。もっとも、「かみのけ」も、占いなどでその正体が「かみのけ」と明らかになるまでは、一般にはまず「もののけ」として表現されたようである。こうした「もののけ」と「かみのけ」の違いは、密教僧と陰陽師の役割分担を表現している言葉とみることもできるかもしれない。

「生霊」に憑かれて苦しめられる人々と「生霊」を人に憑けてしまって苦しむ人とを

見事に描いているのは、『源氏物語』である。文学作品ではあるが、『紫式部日記』や『枕草子』『栄華物語』などの「もののけ」調伏のための儀礼（修法《しゆほう》）の記事と照らし合わせてみると、当時の人々によって行なわれていた儀礼や、当時信じられていた「もののけ」観にほぼ忠実に描かれていることがわかる。そこに記述されている葵《あおい》の上《うえ》に取り憑いた六条御息所《ろくじようのみやすんどころ》の「生霊《いきすだま》」の話は、あたかも私たちが平安時代の社会を目撃しているかのような臨場感に満ちている。

光源氏には、四歳年上の正妻ともいうべき葵の上がいた。ところが、いつのころか、彼より七歳年上の六条御息所が公然の忍び妻になっていた。それまではこの二人の女のあいだは表面上は平穏であった。しかし、賀茂《かも》祭に先立って行なわれる斎院《さいいん》の御禊《みそぎ》のさいの行列を見物にでかけた二人の乗った車が、互いに争いあい、それを契機に、御息所の「生霊」が「もののけ」となって葵の上を苦しめ始める。

葵の上は懐妊しており、そのため病がちであった。当時は、病気の原因を「もののけ」などの超自然的存在の働きに求めようとするのが一般的であった。そして、病気を治すには僧や陰陽師の祈禱が有効であると信じられていた。そのようなわけで、葵の上の病気に対しても密教系の祈禱師が招かれて、病気快癒の祈禱がなされた。すると、さまざまな「生霊」や「死霊」が現れて正体を明かし、次々に「依坐《よりまし》」（霊媒）

に駆《か》り移され、追い祓われていった。正体を明かした「もののけ」は祈禱のために退去してゆかねばならないのである。

ところが、さまざまな「もののけ」が正体を明かして立ち去ってゆくなかで、ただ一つ容易に正体を明かさない「もののけ」があった。たしかに葵の上の体に憑いているらしいのであるが、じっと口を閉ざして正体を現そうとしないのである。だが、出産が迫り、験力《げんりき》のすぐれた僧たちの修法にも熱がこもり最高潮に達したとき、さしもの「もののけ」もついに音《ね》を上げて、喋り出した。「ここに来ようとは思ってもみませんでしたが、物を想う人の魂は、やはり本当に自分の体を離れさ迷い歩くものなのですね。どうか、私の乱れている魂を私の体に結びとめてください」。その声はたしかに葵の上から発しているのであるが、その声、その様子は、葵の上ではなく、まぎれもなく六条御息所であった。愕然《がくぜん》とした光源氏は、憑霊に改めてその名を名乗らせると、はたしてそれは御息所の「生霊」であった。正体を明らかにしてしまった御息所の「生霊」も「依坐」に駆り移されて、しだいに調伏され退散してゆく。『源氏物語』はフィクションであるが、このような儀礼が実世界における「妖怪退治」だったのだ。

ところで、葵の上に執拗に取り憑いていた御息所の「生霊」は、御息所自身が葵の上を憎悪し、彼女の上に災厄が生じるようにと呪詛したためにやってきたのではなかった。たしかに、例の「所の車争い」事件以来、御息所はわが身の不運を嘆く毎日であった。しかし、それだからといってけっして葵の上を憎んだりすることはなかった。しかし、人間の魂（生霊）というものは、自分の意志とは関係なく自分の体を遊離してしまうことがあるということも承知していた。自分の体から魂が抜け出て、葵の上を苦しめに行っているらしいことを、それとなく感じていたのであった。というのは、しばしばまどろんだとき、葵の上らしき姫をさんざんなぶりものにしている自分の姿の夢をみたりしたからである。そして、気づいてみると、自分の着物には「もののけ」調伏のために焚《た》く護摩《ごま》の香りがしみついていたりする。それによって、自分の魂が知らぬまに葵の上に乗り移り、苦しめ、祈禱で追い払われたらしいことを実感せずにはいられないのであった。

このような、自分の意志では制御できない自分の体に宿っている「生霊」が、知らず知らずのうちに他人に憑いてその人を病気にするという観念もまた、広く日本各地で信じられていた。文化人類学者の吉田禎吾は、高知県U部落の調査を行ない、たとえば、次のような事例を紹介している。

高知県U部落のP氏の隣にN夫人が住んでいた。N夫人の家にはつぎつぎと不幸が続いた。夫は若死にし、盲目の娘が三人いたが、みんな死んでしまった。亡夫の母も盲目で、その世話が大変だった。経済的にも苦しくなり、しだいに田畑を手放し、宅地も売らなければならなくなった。P氏はそれを買って隠居屋や納屋を建てた。後にP氏の妻が婦人病が治らず、易者にみてもらったら「人間の生霊が憑いている」といわれた。このときP氏がすぐ思い出したのは、このN夫人のことであった。P氏は、「別に必要以上に広い土地をとったわけでもなかったが、いざ家が建ってみるとN夫人は自分の手離した土地が惜しくなったのだろう」と述べていた。[47]

この集落の「生霊」も、本人が知らないうちに他人に憑くと考えられている。私が調査している高知県の物部村でも「生霊憑き」による病気は多い。この地方では原因不明の病気になると「何かがさわっているのではないか」との疑問をいだく。「さわり」には大別して「たたり」（祟り）と「すそ」（呪詛）がある。これは王朝期の「かみのけ」と「もののけ」にほぼ相当するもので、後者の「すそ」は人間の邪悪な心に由来する病気全体を意味している。「すそ」の正体を知るために祈禱師がやとわれ、祈禱師は占いによって病気の正体を究明する。「すそ」の正体としてもっとも多いのが、「生霊」と「呪い調伏」であり、「イヌガミ」や「サルガミ」などの「憑きもの」（動物霊）である。

この地方でも「生霊」は、本人が呪文をとなえたり、自分の「生霊」が他人に取り憑いて苦しめて欲しい、などと思わなくとも、勝手に人に憑依すると考えられており、村人の間でトラブルがあると、「すそになるかもしれない」と人々は恐れた。というのは、そうしたトラブルによって恨みや憎しみの念が残ると、その人のそうした好ましくない感情が「生霊」を発動させ、本人の知らないうちに憎しみの対象に憑くと考えられているからである。喧嘩《けんか》、土地争い、縁談の恨み、こうしたことがしばしば「すそ」になり、「生霊憑き」を生じさせるのである[48]。

また、民俗学でいう「憑きもの」（動物霊）を祀り養っている家の者が、右に述べたような恨みや妬みを抱いたとき、本人自身は憎悪の対象に憑いて欲しいと望まなくとも、主人の気持ちを察した動物霊が勝手に出かけていって人に取り憑き、苦しめるとも信じられている。つまり、動物霊を飼い養っていると信じられている家筋の者が憑依現象の元凶とされる場合、すでに述べた「呪い調伏」のような形での憑依（邪術）と、ここに述べた「生霊」と同様な形での憑霊（妖術）の、二様の解釈があるわけである。

ここで注意せねばならないことは、「生霊憑き」であれ、「動物霊憑き」であれ、そうした憑霊現象は、まず最初に個人に現れた災厄とくに病気という形で示され、その原因として、霊の憑依が想定され、しかもその霊を発動させたのが、その霊の所有者の心の内部に生じた恨みとか妬みとかいった邪悪な感情であると考えられている、ということである。逆のいい方をすれば、恨みを買っている者、妬まれている者は、憑かれる危険をつねに抱えているわけである。また、ある特定の人を恨んだり妬んだりしたときは、人は、自分の知らないうちにその者に憑いたり、自分の家の動物霊を憑かせたりする可能性をもっていることになる。つまり、ここでもまた、災厄の究極の原因として、私たち人間の心の内部にある邪悪なもの、怨恨、嫉妬といったものを見いだすことになるのである。

人々は誰でも生霊をもっている。しかもその生霊が、本人が自覚しないままに、彼の邪悪な思いに憑かれて他人に災厄をもたらすという思想は、恐るべき思想である。というのは、人は誰でも民俗社会において、突然に犯罪者となる可能性を、「魔」となる可能性を抱えているからである。

そして、こういった「魔」に転落しない最良の方法は、できるかぎり他人を恨んだり、妬んだりしないことであり、また、災厄を寄せられない最良の方法は、他人に恨まれたり妬まれたりしないようにすることであった。

二種類の「憑きもの筋」

ところで、災厄とくに病気の原因とみなされる「生霊憑き」と「動物霊憑き」（憑きもの）とを比較したとき、ともに本人が自覚せずに人に憑くとされているにもかかわらず、両者の間には決定的な相違がみられる。すなわち、「生霊憑き」が「生霊」という言葉で示されているように、人間誰しもがもっている、つまり人間に内在する霊に憑依の原因を求めるのに対し、「動物霊憑き」は人間に内在する感情に原因を求めつつも、憑依する霊を人間に外在する霊として把握しようという思考がみられるからである。しかも、民俗社会においては「生霊」ははっきりとした形象をもたないが、「動物霊」の場合、かなりはっきりとした形象化がなされているのである。

　これまで断片的に言及してきた「憑きもの」とは、いったいどのようなものなのであろうか。民俗学では、特定の家筋で飼っているとされる動物霊が他人に憑依するという特徴をもっていることから、その動物霊のことを「憑きもの」と呼んでいる。私自身は、憑依する霊すべてがある意味で「憑くもの」なので、こうしたきわめて紛らわしい概念を使用することに疑問をもっているが、ここではさしあたって、右のような民俗学的意味で「憑きもの」という用語を用いておこう。

関東の「オサキ」は、ネズミとイタチの雑種のようなもの、ハツカネズミよりやや大きいくらいのものであると説かれ、色は白と黒の斑《まだら》、橙《だいだい》、茶、灰、茶と灰の混色などの説があり、頭から尾まで黒い一本の線があるとか、背中に白い条《すじ》があるとか、尾が裂けているとかと述べられている。また、一般の人々の目には見えないとされつつも、山のなかや川原などにときどき群れをなして姿を見せることがあるという。しかし、その群れは、いずこからともなく姿を現し、またたくまにどこへともなく姿を掻き消してしまうのである。注目すべきは、昼間はほとんど出没せず、まれに人々の前に姿を現すのが夕暮れである、ということであろう。柳田が述べているように、昼と夜の境界時である「かわたれどき」は、また、「逢魔時《おうまがとき》」であった[49]。この「オサキ」もそのような時刻に姿を現すのが一般的であったらしい。「オサキ持ち」とは、このような神秘的動物を家で飼い養っていると信じられている家筋のことである。

寛政《かんせい》年間（一七八九—一八〇一）の『梅翁《ばいおう》随筆』（著者不明）に、この「オサキ」のことが次のように記されている。


上州におさきといふ獣、人に取付居るなり。この家の血すじを引たるものは、いかにすれどもはなるゝ事なし。此《こ》の血筋を切屋ものといふ。縁組など殊に吟味する也。此血筋にあらずとも、その家の道具を外の家へ入れば、則《すなわち》おさき付添《つきそい》来るなり。食を毎日あたふれば害なく、怠る時は差別なく喰尽《くいつく》し、若《もし》いかりをはつする時はいろ〳〵の仇《あだ》をなし、果はその人の腹内へ入《いり》て、終《つい》に喰ころすといふ。されば伝へてその筋を嫌ひ恐るゝ事甚《はなはだ》し。(50)

この「オサキ」信仰の特徴を整理してみると、次のようなことがいえると思う。

(1)ネズミの大きさ前後の小動物でキツネの一種とされる。(2)通常は人に見えない。(3)比較的裕福な家が「オサキ持ち」だとされる。(4)オサキは夜に活動し、主人の意に従ってあるいは自分から察して主人の憎む者の家に行き、その家のカイコを駄目にしたり、生糸《きいと》を奪ったり、田畑の作物を枯れさせたりする。主人の有利なように、生糸の量をごまかしたり、盗んできたりもする。(5)他の家の者に取り憑き、そして内臓を喰い尽くし、死亡させる。(6)祭祀が十分であれば、災厄を起こすことはないが、不十分であれば、周囲の家はもとより、主人たちをも苦しめる。(7)「オサキ持ち」の家筋との婚姻が忌避《きひ》される。血筋を通じて非家筋も「オサキ持ち」になるからである。(8)「オサキ」に憑かれて病気になったときは、山伏や日蓮宗（中山派）の行者、神職などをやとって祈禱をしてもらい、それで祓い落とした。

この特徴は、「クダ」や「ニンコ」「トウビョウ」「イヌガミ」などの動物霊およびそれを飼い養っている家についても、大差ない。

しかし、「トウビョウ」と「イヌガミ」の場合は、民俗学者たちの報告などをみると、それを祀っているがために、その家が富裕になるという属性がやや希薄なように思われる。この相違がなにによるかは定かでないが、「クダ」や「オサキ」などが「クダキツネ」「オサキキツネ」というように、稲荷《いなり》信仰と習合化しているらしいのに対して、「イヌガミ」や「トウビョウ」の場合にはそれがないらしい、ということが注目される。しかも、「イヌガミ」や「トウビョウ」についての記録のほうが、前者よりも古くから姿を見せているところをみると、後者のほうが前者よりも古型を保存しているとも考えられる。祭祀すれば富貴自在という特徴をもつ「憑きもの」は稲荷信仰の浸透とからめて考えなければならないであろう。

参考のために、「トウビョウ」というものがどのようなものであるかについて述べた記事を、文化一二年（一八一五）刊行の上野《うえの》忠親《ただちか》著『雪窓夜話《せっそうやわ》』から紹介しよう。

備前（岡山県東南部）のたふべう（トウビョウ）の事。或人曰く、備前の国にもたふべう持《もち》と云《いう》者あり。是《これ》は狐に非《あら》ず。煙管《キセル》の吹烟筒《ラオ》程の小蛇、長《ながさ》七八寸に過ざるものなり。是《これ》を飼て、家毎に一頭二頭づゝ所持する村里あり。是も其《その》人の好で所持するには非ず。心の中にはうるさく思へども、先祖いつの時代の人か飼て所持せし事あれば、最早《もはや》其家を離れず、其子孫に伝はりて末代迄所持するなり。是も犬神と同前にて、他人と争ふとか、或は他の家にて一坐せる人、或は道を往来して人に逢ひて、あの者は小頬《こづら》憎き顔なりと思ふとか、又其人の持たる物を見て羨《うらや》ましく心に思ふ時、我家に残し置たる蛇神は、忽《たちま》ち其人の一念の微動を知て、向《むこう》の人の方に行く事、間髪《かんはつ》を容《い》れずと云《いう》が如く、本人の目にも見へず、外より他人の目にも見へず、向ふ人に依托して、皮肉の間にせまり、苦悩せしむるなり。若《も》し其病人夫《それ》を知て、ヘビ神を持たる人に納得する様に云て和解すれば、忽ち病人の身を離れて別条なし。之を覚《し》らずして和解せざれば、終《つい》には其人を悩害するなり。蛇神を持たる人も夫程《それほど》根深くは思はざるに、右の通りなれば、甚だうるさく思へども、我と自ら遠離《えんり》する事能《あた》はず。其蛇を殺しても、本の如く立戻りて、取たやす事出来ず。此蛇神、本人に怨《うら》みある時は、却《かえつ》て本人の皮肉の間に入て責殺す故に、たふべふを持たる者の蛇神を崇重する事神の如しとかや。[51]

「イヌガミ」についての伝承もほぼ同じである。他人に災厄をもたらすこともなく、祀り方が十分になされていればその家が栄えると考えられているキツネ系の「憑きもの」とは異なり、これを祀り飼い養っているのは、生まれた家がそうした家であり、十分に祀らないと周囲に災いをもたらし、しかもその動物霊を棄て去ることもできないとされているので、やむなく祀っているというのがこの系統の「憑きもの筋」である。

ところで、柳田をはじめとする多くの民俗学者が指摘しているように、こうした家筋を考える場合、奈良時代に流行したという「蠱道」の信仰との関係を無視することはできないであろう。

すでに述べたように、「蠱毒」にはさまざまな類があったらしい。「蠱毒」は、各種の動物を一つの容器のなかに閉じ込め、共喰いさせて、最後まで生き残ったものを邪術（呪詛など）に用いるというもので、最後まで生き残ったものが蛇ならば「蛇蠱」、猫ならば「猫蠱」「猫鬼」ということになるわけである。

日本の場合、日本に棲んでいる動物およびそれに対する観察や古来からの信仰などが反映してであろう、キツネ、蛇、イヌの三つの動物が「蠱毒」の術に用いられる動物として圧倒的な位置を占め、他には猿、猫、タヌキなどの家筋の例を若干聞くにすぎない。

「蠱毒」と「憑きもの」との関係は、すでに近世の人々によっても意識されており、当時の書物には、中国の「蠱毒」に類するものとして「憑きもの」を説明したり、また「犬蠱」「蛇蠱」「狐蠱」といった表現を用いたりしている。たとえば、江戸時代中期から明治にかけて刊行された谷川士清《ことすが》撰の辞書『和訓栞《わくんのしおり》』は、次のように述べる。

犬神の義四国にあり。甚《はなはだ》人を害す。犬蠱《けんこ》也（中略）雲州に狐蠱《ここ》あり。狐を役し人をして病熱発狂せしむ。又四国に蛇蠱《じやこ》をつかふ者あり。是をへびもちといふ。石見などにて是を土瓶《ビヤウ》といふ蓄ふる器をもて、名《なづ》くるなるべし。よて犬神とうびやうとならべいへり。邪術也。かゝる類は、其処の人も婚を絶交《たちまじわり》を締ばず。又備の前後州（備前・備後）に、猫神猿神《ねこがみさるがみ》などありて、狐神のごとし（中略）信州伊奈の郡のくだ、上州南牧《モク》の大《お》さき使《つかい》も同類成《なる》べし。[52]

このように、「憑きもの」を「蠱毒」の類と考える人々は早くからいたのであるが、はたして古代日本の「蠱毒」の利用方法と「憑きもの」の利用方法が一致するのかは、比較すべき史料がないので定かではない。しかし、「蠱毒」が犯罪とされているわけであるから、「蠱」の毒を他人に危害や災厄をもたらすために用いたのは明白であろう。

それでは「蠱」の毒とはいったいどのようなものなのであろう。

中国では「蠱」から製造された呪薬（＝毒）を敵の井戸や飲食物に混入させて危害を加えようとする観念もあったらしいが、日本の「憑きもの」が動物の魂魄《こんぱく》を敵に憑依させて病気にするという観念に基づいているところから推測すると、古代日本の「蠱毒」もその種のものであったのかもしれない。すなわち、呪禁師たちは、病気の原因を「蠱」の霊の体内への侵入＝憑霊と解釈し、そのような「蠱毒」を予防し除去することを仕事にしていたらしい。そして、このような病気の説明体系のなかには、当然のことながら、「蠱毒」はどのようにして生じるのか、また製造されるのか、という疑問への答えも含まれていたと考えられる。しかも、すでに引用した『土陽淵岳志』の「イヌガミ」の製法から考えると、「蠱」の魂魄を意のままに操作できるようにするために、蓄えた「蠱」を殺して加工する必要があったらしい。それにしても、このような「蠱毒」にまで源流をたどれそうな「憑きもの」信仰の伝統のなかで、「憑きもの筋」が形成されたのはいつごろのことであったのだろうか。残念ながら、民俗学はこの点に関して十分な解明をなしえていない。多くの民俗学者は、家筋の形成を近世中・後期とみている。すなわち、「憑きもの筋」の多くが新米の成り上がり者らしいという点に注目し、彼らに対する周囲の人々の妬み、羨望、悪感情が、さらには経済の法則を理解しえない人々にとって急激に富を得た人々の姿は神秘と思わざるをえず、そうした神秘感が「憑きもの筋」を形成したというのである。

しかし、速水《はやみ》保孝《やすたか》なども考えるように、[53]古い「憑きもの筋」は遅くとも近世前期までには形成されていたように思われる。たとえば、土佐の『山内家《やまのうちけ》史料』にみえる寛《かん》文《ぶん》一二年（一六七二）三月一二日の差出書には「私代々犬神持にて御座候、親九郎右衛門、近年中に犬がみをむざと人につけ申候に付、諸人に対し面目なき由、常々申、迷惑がり申候」云々とあり、「イヌガミ筋」があったことがわかる。しかも「私代々犬神持にて御座候」とあることで、この当時、すでに数世代にわたって家筋とされていたことになる。とするならば、戦国の動乱が終わり、江戸幕府が開かれて村落社会が安定期に入った近世初頭に家筋がすでに形成されていたということになる。「『犬神』取締文書」に、文明四年（一四七二）に「犬神を使ふ輩」がいたとの記述があることから推測すれば、さらにさかのぼって中世末期にすでに家筋が形成されていた可能性も十分に考えられる。

おそらく、近世後期の「憑きもの筋」つまり「オサキキツネ」のような「――キツネ」系の「憑きもの筋」は、こうした古くからの「イヌガミ」のような「――神」系の「憑きもの筋」についての信仰をふまえた新しい「憑きもの筋」であり、そのような信仰が家の盛衰の問題と深く結びついている背景には、近世にとりわけ庶民にもてはやされた商売繁昌《はんじょう》・五穀豊穣の神としての稲荷＝狐神への信仰との結合や当時の村落内の経済構造の変動があったと思われる。

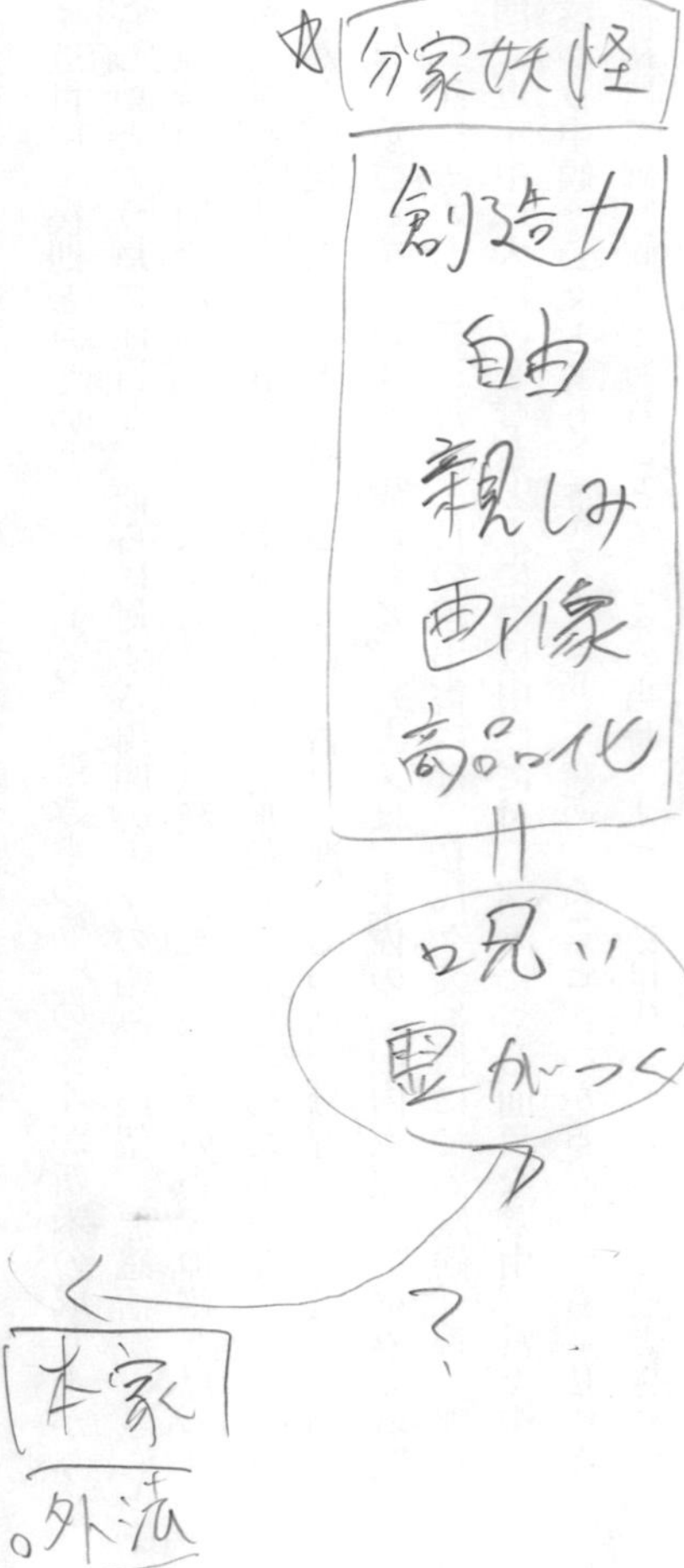

四　外法使い――民間の宗教者

宗教者の両義性

日本の社会には数多くの「妖怪」や「魔」が活動していた。「生霊」「死霊」「呪詛」「憑きもの」あるいは異界に棲む天狗や土蜘蛛、一つ目小僧などの多くの妖怪たち。これらの「妖怪」や「魔」に攻撃されないように、人々は毎日それなりに努力を払っているのであるが、「妖怪」たちは人々のちょっとしたスキを突いて襲いかかってくる。別のいい方をすれば、日常生活には、たえず病気や死、不作、日照り、大雨といった災厄が、大なり小なり生じているので、その災厄の原因としての「妖怪」や「魔」を人々は必要としていた。したがって、極言すれば、人々がそういった恐ろしい存在を作り出していたのである。

それでは、もし人々が「妖怪」や「魔」に襲われたとき、誰がそうした「魔」を取り除いてくれるのであろうか。被害者自身が「魔」や「妖怪」を祀り上げたり、呪力ある道具で追い払ったりすることもあった。だが、日本では、一般の人々と霊的存在とを仲介し、かつ霊的存在を操作しうる特殊な能力をもった人々が存在していた。すでに触れた呪禁師も、典薬寮の役人であったことから考えると、本来は「厭魅」や「蠱毒」の被害を受けた人々を救う役割を担っていたのであった。また、「もののけ」に憑かれた葵の上から「もののけ」を退散させるのも、密教系の祈禱師＝「験者《げんざ》」であった。梓《あずさ》の弓を叩いて神を自らの体に降ろし、神の意向を聞き出す能力をもった女性＝巫女たちも、そうした役割を担っていたらしい。平安時代のもっとも恐るべき宗教者であった陰陽師もまた、災厄を祓い落としてくれる宗教者であった。

今日でも全国各地に、こうした役割を帯びた人々が存在しており、そして、その多くは、巫女や験者、山伏、陰陽師、行者《ぎょうじや》であり、その影響を受けた人々である。彼らはいずれも、人々のうえに生じる災厄の原因を究明し、悪の張本人が誰であるかを明らかにしてくれる。さらにその災厄を取り除き、悪霊たちを打ち破り、鎮撫《ちんぶ》し、追い払う技能を備えてくれる好ましい人物である。しかしその一方では、一般の人々が所有していない特別な知識・技術や神秘的な力や存在に由来する能力をもっているがゆえに、異常な人間であり、一般の人々にとって「異人」であり「妖怪」に近い存在であった。しかも、彼らは呪詛を引き受け、他人に災厄を与える恐ろしい能力をも兼ね備えているとも考えられていることが多い。この驚くべき可能性は、彼らが邪術や妖術に打ち勝つためには、敵の神秘的力や存在について知り尽くしておらねばならず、また同じような呪力を獲得しているがゆえに、敵と戦ったり、敵の送りつけた災厄を除くことができるのだ、という認識に基づいている。

このような宗教者の二重性・両義性は、たんに彼らの異常な能力についての一般の人々の認識にとどまらず、彼ら自身もまた自分たちが一般の人々とは異なっていることを強く自覚し、さらにそれを強調することで強化されている。そして彼らの多くは村の周辺に住んでいたり、村から村へと渡り歩く遊行《ゆぎよう》の人々であった。

こうした「異人」としての宗教者は、民俗社会にあっては、畏怖《いふ》すべき「魔」を、つまり鬼神の類を操作する能力をもっている人々という形でイメージされていた。実際、彼らは社会の「闇」の領域において、そうした「魔」の操作を通じて、占いを行なったり、災厄を除いたり、はたまた依頼に応じて呪《のろ》いをかけたりしていたのである。

陰陽師と式神

「妖怪」や「魔」の類を操作する呪術師としての宗教者の思想は、平安時代にはすでに形成されていた。そしてそのなかでももっとも重要な宗教者が、「式神《しきがみ》」を操るという陰陽師であり、「護法《ごほう》」を操る祈禱僧（験者・山伏）であった。

陰陽師とは、陰陽五行思想に基づいて占いや祭儀を執り行なう宗教者で、律令《りつりょう》体制下にあっては、政府内の陰陽寮という役所に依拠して、さまざまな祭儀の教育と研究を行なっていた(54)。しかも、大陸からこの思想が輸入された当初は、科学・技術的側面が強かったようであるが、しだいに呪術的色彩を強め、王朝時代には、鬼神を操り呪いをかけたりする恐ろしい存在とみなされるようになっていたのであった。この背景には、奈良時代に廃止された呪禁道の思想が陰陽道のなかに吸収されたということが関係していたように思われる。

　陰陽師の職能がどのようなものであったかを要領よく記述したものに、一一世紀中ごろ、藤原明衡《あきひら》の『新猿楽記《しんさるがくき》』がある。これは都で流行した猿楽とその見物人について記したもので、陰陽師は観客の老翁一家のうち、一〇番目の娘の夫として登場している。

　十の君の夫は、陰陽《いんようの》先生賀茂道世《かものみちよ》なり。金匱経《こんききよう》・枢機経《しゆききよう》・神枢霊轄《じんしゆりようかつ》等不審《ふしん》するところなし。四《し》課《か》三伝《さんでん》明々多々《めいめいたた》なり。覆物《ふくもつ》を占《うらな》ふことは目に見るがごとし。物怪《もっけ》を推《すい》することは掌《たなごころ》を指すがごとし。十二神将《しんしょう》を進退《しんだい》し、三十六禽《きん》を前後す。式神《しきがみ》を仕《つか》ひ、符《ふ》法《ぼう》を造《つく》りて、鬼神《きじん》の目を開閉し、男女の魂《たましい》を出入す。凡《およ》そ観《と》覧《らん》反《はん》閉《ぺい》に術を究《きわ》め、祭祀解除《けじょ》に験《げん》を致す。地鎮《じちん》・謝罪《しゃざい》・呪術《じゅじゅつ》・厭法《えんほう》等の上手なり。吉備《きび》大臣七佐法王の道を習ひ伝へたる者なり。しかのみならず、注暦天文図《ちゅうりゃくてんもんず》、宿耀地判《しゅくようじはん》経、またもて了々分明《りょうりょうふんみょう》なり。所以《このゆえ》に形は人体《じんてい》を稟《う》けたりといへども、心は鬼神に通達す。身は世間に住すといへども、神《たましい》は天地に経緯《けいい》たり。(55)

陰陽師は、物を覆い隠してそのなかにあるものを占い当て、「もののけ」の正体を見破り、十二神将（陰陽道で占いに用いる占盤を守護している、十二の方位に配置された神格）や三十六禽（一昼夜十二辰の神で、一辰にそれぞれ三つの動物が配置される）を動かし、「式神」を操り、符法によって鬼神の目を意のままに開閉し、男や女の魂魄を自由に出し入れできるというのである。なんとも恐ろしい存在である。まさに身は人間の姿をしているが、その能力は神や鬼に近く、この世にあるが、心は天地のものである、と評されるのもうなずけるというものである。

こうした陰陽師の職能のなかでも、もっとも秘密の法に属していたのが「式神」に関するものであったらしく、賀茂家と並んで陰陽家を名乗った安倍晴明《あべのせいめい》は、ある説話のなかで、「式神の操作は陰陽道の大事である」と述べている。それというのも、「式神」を用いて人を殺すこともできるからであった。

「式神」を操作しての呪詛の話は、たとえば、『宇治拾遺物語』「晴明蔵人《くろうどの》少将封ずる事」にみることができる。

殿上人《てんじようびと》が参内《さんだい》するのを眺めていた安倍晴明は、まだ年若く器量の良い蔵人の少将が車から内裏《だいり》に向かう姿を認めた。このとき、少将の上に烏《からす》が飛来して糞をしかけた。これを見て「ああ、まだ年も若いのに、式神に打たれてしまったらしい。あの烏はきっと式神だ」と思った。気の毒に思った晴明がこのことを少将に知らせると、彼は驚き震えて晴明に救いを求めた。そこで晴明は彼の家に赴き、彼に身固《みかた》めの術を施し、夜通し祈禱を行なってやった。明け方になって戸を叩く音がするので、人をやって訪問者の話を聞くと、次のようなことが明らかになった。この少将の相聟《あいむこ》（少将の妻の姉妹の夫）に蔵人の五位である男がおり、同じ家に住んでいたが、皆が少将のほうばかりほめるので、少将を憎み、陰陽師をやとって彼を呪い殺そうとしたのであった。この使いの者は、陰陽師に命じられて晴明の所に来たものので、陰陽師は、自分の「式神」を折り出して少将のもとに送りつけ、呪殺《じゆさつ》しようとしたのであるが、晴明に見破られて彼の式神は送り戻され、しかも逆に晴明の派遣した式神に打たれて瀕死《ひんし》の状態にあると伝えて来たのであった。そこで、この使いに人を添えてその陰陽師の様子を見に行かせたところ、すでに陰陽師は死んでしまっていた。それからまもなくして、蔵人の五位も家を追い出されてしまったという[56]。

こうした陰陽師の呪詛や式神、占験《せんげん》に関する説話や記事は当時の文献に数多く記されている。当時の説話などから陰陽師の「式神」の属性はおよそ次のようなものであったようである。

(1)「式神」は、陰陽師が呪詛や呪詛を祓い落としたりするときに用いた使役霊＝使い魔であった。このことは右の話からも理解しうるはずである。

(2)『源平盛衰記』「中宮御産の事」に「一条戻橋と云《いう》は、昔安部晴明が天文の淵源《えんげん》を極《きわめ》て、十二神将を仕《つかい》にけるが、其妻職神《しきじん》の貌《かお》に畏《おそれ》ければ、彼《かの》十二神を橋の下に呪し置《おき》て、用事の時は召仕《めしつかい》けり。是にて吉凶の橋占《はしうら》を尋問《たずねとえ》ば、必ず職神人の口に移りて善悪を示すと申す[57]」とあるように、「式神」は、ふだんは橋の下など人目に立たないところに隠し置かれており、必要なときに呼び招き、それを操作して、さまざまな霊験を行なったようである。

(3)「式神」を用いてさまざまな占いが行なわれたらしく、『源平盛衰記』の例では、依坐のような人物に「式神」を憑《つ》け、その者の口を通じて、吉凶・善悪を知ったのであった。

(4)「式神」の憑依は、(2)や(3)の場合では好ましい託宣の形をとっている。しかし、呪詛のために敵に「式神」を憑依させたりもした。右に紹介した『宇治拾遺物語』の説話にみられたような場合がそうであって、「式神に打たれる」ということを、雷に打たれたような感じで理解していたようである。

(5)呪殺や予言、占いなどで用いられるばかりでなく、身の回りの給仕をしたりすることもあったらしい。『今昔物語集』などの記事をみると、晴明の屋敷では、人もいないのに蔀《しとみ》が上下したり、門が開閉したりという神秘がみられたという。これはおそらく「式神」の働きによるものであろう。

(6)「式神」は陰陽道では、十二神将や三十六禽にたとえられたり、鬼神の類にたとえられたりするが、その正体は判然としていない。人の目には見えないとされつつも、鳥の姿をとったり、人間の姿をとったりして陰陽師の前に姿を現している。とくに、人間の姿をするときは、童子の形をとるのは興味深い。『今昔物語集』巻二十四第一六に、晴明を試みようと尋ねてきた老陰陽師法師の従えていた二人の童子つまり

「式神」を、その意図を見抜いた晴明が、逆に術をかけて隠してしまう、という話がある。また、『泣不動《なきふどう》縁起絵巻』には、病人祈禱を行なっている晴明の後方に、鬼のような姿をした「式神」らしき存在が描かれている。これがもっとも古い式神の絵画的表現である。

修験者と護法

仏教系の祈禱僧も、これとほぼ同じような属性をもつ使役霊＝使い魔を用いていた。それは「護法」と呼ばれ、しばしば「護法童子」とも呼ばれる。これは「護法」を童子の姿でイメージすることが多かったことによっている。もっとも「護法」がすべて童子形をとるわけではない(58)。

たしかに、祈禱僧の用いる「護法」と陰陽師の用いる「式神」とは多くの点で一致する。しかし、前者が密教の思想のなかから生み出されたのに対し、後者は陰陽道の思想のなかから生み出されたということを反映して、それぞれ強調されているところが異なっているように思われる。多くの文献にみえる「護法」と「式神」とを比較してみると、「護法」は、験者たちの尊崇する不動明王や毘沙門天《びしやもんてん》などから与えられた下級の眷属神として位置づけられ、それを験者たちが操作することによって、「もののけ」に憑かれている人から「もののけ」を退去させるという面や、その「護法」によって身辺の給仕をさせたという側面が強調されている。これに対し、「式神」の場合は、「もののけ」に憑かれた者を救い出すために「式神」を用いることは、しばしば相手に自分の「式神」を送りつけ逆に呪い殺すことをも意味していた。つまり、「式神」のほうが暗いイメージをともなっているように思われる。

「護法」が登場する典型的な状況は、病人祈禱のときである。「もののけ」に憑かれた者から、「もののけ」を依坐に駆り移し、さらに依坐からそれを退散させるために、験者は「護法」の力を借りる。「護法」が病人に乗り移り、先に憑いている悪霊を追い払わなければ、病人は治らないと考えられていたのである。

『枕草子』第二五段に、験者が「護法」を用いて「もののけ」のために病気になった者を治療しようとしているところを記した箇所がある。しかし、この場合は験力の効果なく、作者である清少納言に「すさまじきもの」と評されてしまうことになる。

験者の物《もの》のけ調《ちょう》ずとて、いみじうしたりがほに独鈷《とこ》や数珠《ずず》などもたせ、せみの声しぼりいだして誦《よ》みゐたれど、いささかさりげもなく、護法もつかねば、あつまりゐ念じたるに、男も女もあやしとおもふに、時のかはるまで誦みこうじて、「さらにつかず。立ちね」とて、数珠とり返して、「あな、いと験《げん》なしや」とうちいひて、額《ひたい》よりかみざまにさくりあげ、あくびおのれうちしてよりふしぬる。(59)

験者＝祈禱僧が操作する「護法」が病人の体内に入り込み、「もののけ」と戦う場面を病人の夢という形を通じて描き記しているのは、『宇治拾遺物語』「極楽寺《ごくらくじの》僧仁王《にんのう》経《ぎょう》の験を施す事」である。

極楽寺は堀川の太政大臣藤原基経《もとつね》が造った寺である。その基経が重病にかかった。さまざまな祈禱をしたがいっこうに治らない。名ある験者で祈禱に参上せぬ者はないほどなのに、どうしたことか極楽寺の僧には参上せよとの命が与えられなかった。このとき、極楽寺のある僧が、「この寺の安らかなるは殿のお陰である。お呼びがなくとも自分から参上して祈禱して差し上げなくてはならない」と、仁王経を奉じて御殿に行った。そして、中門《ちゅうもん》の北の廊下の隅にかがんで、誰も目にかける者もいないのに一心に読経していた。四時間ほど経ったとき、この僧は殿に呼ばれたので、殿のところにうかがうと、殿はこの上もなく元気そうであった。殿は、なぜ極楽寺の僧を呼んだかを次のように語った。寝ていて夢を見た。その夢のなかで、恐ろしい恰好《かっこう》をした鬼たちが私の身体をいろいろと打ち責めていた。そのとき、みずらを結った童子が楉《ずわえ》（細長い枝の杖）をもって、中門の方から入って来て、その枝で鬼たちを打ち払うと、鬼たちは皆逃げて散ってしまった。そこで、その童子に「お前は何者か」と聞くと、「極楽寺の僧某が、殿がこのようにおわずらいになっているのを嘆いて、長年読み奉る仁王経を、今朝から中門の脇に控えて一心にお読みになっております。その聖《ひじり》の護法である私が、こうして殿をわずらわせておりました鬼たちを、追い払ったのでございます」と答えた。すると夢がさめ、気分がよくなったので、礼を言いたくて、この僧を呼んだのだ。(60)

この説話では、「護法」を童子として、「もののけ」を鬼としてイメージしている。当時の人々は、病人の体内で生じていることをこのように思い描いていたわけである。

ところで、「護法」は童子として述べられることが多いが、役行者《えんのぎょうじゃ》（役小角《おづぬ》）の前鬼・後鬼のように、鬼の類としてイメージすることもある。また、『信貴山縁起《しぎさん》』に登場する、「剣の護法」とならぶもう一つの護法、つまり鉢を飛ばす「空鉢護法《くうはつ》」の正体を、蛇と考えていたように、「護法」を動物霊とする場合もあった。たとえば、

『朝熊山縁起《あさまやまえんぎ》』に登場する、「赤精童子《せきせいどうじ》」は別名「雨宝童子《うほう》」ともいい、熊の頭に蛇の衣を着けて弘法大師《こうぼうだいし》の前に出て来たという。この童子は、朝熊山を守る護法であった。(61) つまり、「護法」も「式神」ももとは荒々しい精霊で、それを宗教者が呪力で制御していたのである。

外法神

「護法」にしろ「式神」にしろ、それは修験道や陰陽道の秘事にかかわる神霊の総称であった。平安末期から鎌倉初期の動乱期には、祈禱や祭儀を行なう修験者や陰陽師たちは、貴族や武士をはじめとする多くの人々に自分たちの法力《ほうりき》が秀《すぐ》れていることを誇示する一方、多くの神秘的な法術や祭式を編み出し、それが人々のあいだに浸透していったのであった。現世の利益を追求する民衆、アニミズム的な世界観を基調とする民衆・民俗社会に浸透するためには、それにみあった信仰に仕立てなおしたり、新しい内容を作り出したりする必要があったにちがいない。また、修験道と陰陽道との混淆《こんこう》も宗教者たちの手によって徐々に行なわれていったようである。

農耕神であった稲荷神《いなり》が、いつのころからか、キツネと結びつき、さらに密教系・修験道系の「荼吉尼天《だきにてん》」と結びついたのはその一例であろう。つまり、民衆のなかに入った「護法」は、キツネなどの動物霊へと変化したのである。「式神」もまた動物霊に変化していったらしい。しかも、中世の時代に目立っていることは、宗教者が動物霊を祀り操るばかりでなく、一般の人々が、宗教者の説く祭祀や守護神信仰を積極的に採り入れて、自分でも祀りを行なったりしていることである。「外法《げほう》」とか「外《げ》道《どう》」とか呼ばれる、いわば、邪教・邪術の類とされるものであっても、自分の利益になると思えば、積極的にその祭祀を行なう人々が多かったのがこの時代であった。「荼吉尼天法」「弁財天《べんざいてん》法」「大黒天《だいこくてん》法」「飯綱《いづな》の法」「愛宕《あたご》の法」など数多くのこの種の法術が中世に流行した。そして、その多くは近世に入って外法色が薄れ、福神となって一般の人々に信仰されるようになる[62]。

中世に流行したこうした信仰のなかでも、キツネ信仰と結びついた「荼吉尼天法」は、とりわけもてはやされた。『源平盛衰記』巻一「清盛大威徳《いとく》の法を行ふ」には、清盛がまだ若かったとき、蓮台野《れんだいの》で大きなキツネを追い出し、まさに射んとしたところ、そのキツネが女に変じた。清盛が「何者か」と問うと、「我は七十四道の王である」と答えた。「さては貴狐《きこ》天王であられるか」と馬をおりて敬屈すると、女はまたもとのキツネになって、鳴き去った。そこで清盛は「我財宝にうゑたる事は、荒神の所為にぞ。荒神を鎮《しずめ》て財宝を得んには、弁才妙音には如《し》かず。今の貴狐天王は妙音の其の一つなり。さては我陀天《だてん》の法を成就《じょうじゅ》すべき者にこそ」と思い、その法を行なったが、すぐに、「実《まこと》や、外法成就の者は、子孫に伝へず」と反省していた、とある。『古今著聞集《ここんちょもんじゅう》』巻六「管絃歌舞」にみえる「知足院忠実《ちそくいんただざね》大権房をして咤祇尼《だきに》の法を行はしむる事幷《なら》びに福天神の事」は、咤祇尼（茶吉尼）とキツネと護法との関連がよく示されている説話である。

　知足院藤原忠実は、何事か望みのことがあって、大権房という僧に咤祇尼の法を行なわせた。七日目に、道場に一匹のキツネが入り込み、供物を食べていた。満願の日、知足院殿が昼に夢見た。美しい女房が枕もとを通ったので、美しさのあまり、三尺ほどもある髪をつかんでこれを引きとめようとしたところ、女は知足院の手に髪を残して立ち去った。そこで目がさめた。すると不思議なことにも、その手のなかにキツネの尾が握られていた。大権房を呼んで問いただしてみると、「大願が成就した験《しるし》である。お望みのことは叶《かな》うでありましょう」と答えた。はたして次の日に慶びの沙汰が彼のところに届いた。そこで、くだんのキツネの尾を清きものに入れて深く納め、後に、妙音院の護法殿に納められた。これが今日の福天神の起こりである。(63)

「荼吉尼天」にしても「大黒天」にしても、もともとは、仏に敵対する夜叉《やしゃ》つまり「魔」に相当するもので、人間の血をすすり、肉を食う吸血鬼・食人鬼の類であった。このような恐ろしい「魔」を法力で操作して、期待する目的を成就させようとする法であったものが、しだいにその「魔性」が忘れ去られて、福の神に変じることになったのである。しかし、好ましくない呪術というイメージは近世においてもまだ残っていたようである。とくに宗教者たちが守り神、使い魔としたこうした「護法」には、魔的なイメージが強く残っていた(64)。

「式神」が中世においてどのように変質したかはまだ十分に明らかになっていない。「式神」と「宿神《しゆくじん》」(芸能者の神)とを同じものとする説や「河原者」や「カッパ」などに変質したとする説などみられるが、今後のいっそうの検討を要する課題であろう。

「式神」との関連を思わせるのは「蠱毒」である。江戸中期の国学者、山岡浚明《まつあき》の『類聚名物考《るいじゆめいぶつこう》』の式神の条に「これは人の魂魄を術をもてつかふ事なり。陰陽家につたへし術有り。中古の物に多く見えたり。西土の書にも此術有り。髑髏神とも云ふ是なり。俗に外法《げほう》ともいへり(65)」とあって、陰陽師の間では、式神の形象を髑髏に求めていたらしいのである。すでに『新猿楽記』の記事を引用して、陰陽師が男女の魂魄を意のままに出し入れできるらしいことを私たちは知っているが、それも「式神」に関連したことだったのかもしれない。四国やその周辺で信じられている「イヌガミ」もまた、犬の首を切り落とし、その魂魄を自在に操作するというものであった。とくに土佐（高知県）は陰陽道系の信仰が強いところであったので、「イヌガミ」の伝承も陰陽師たちと深く結びついていたとも考えられる。今日、私たちが土佐で聞く「イヌガミ」の製法も、『土陽淵岳志』にみえるものと大差《ほ》ないが、私が物部村の奥で聞いた話では、犬の頭を切り落としたのち、その頭を乾してミイラのようにし、小さくなった頭蓋骨や獣皮などを袋に入れて隠し持ち、その犬の魂魄を操作して、占いや呪詛などに用いる者もいるという。とくに物部村のいざなぎ流太夫たちは「式」ないし「式王子」と称する多くの霊を操作して呪術を行なっている。この「式」が「式神」に相当するのは明らかである。

ここで想起すべきは、『増鏡《ますかがみ》』（二〇巻本系）にみえる次の記事である。ときの太政大臣西園寺《さいおんじ》公相《きんすけ》が亡くなり、葬式が行なわれて、野辺《のべ》送りされた夜のことである。「御わざの夜御棺に入れたてまつる御頭を、人のぬすみとりけるぞめづらかなる。御顔の下短かにて、中半程に御目のおはしましければ、外法とかやまつるに、かかる生頭のいる事にて、なにがしのひじりとかや、東山《ひがしやま》のほとりなりける人とりてけるとて、のちにさたがましく聞えき」。西園寺公相の頭蓋が異相であったので「外法頭」にふさわしいと思った東山の聖がその生頭を墓をあばいて盗み去ったというのである。はたしてその聖が陰陽師であったかはわからないが、「蠱毒」や「式神」との関連を思わせる記述であることは間違いなさそうである。

文政一三年（一八三〇）刊の喜多《きた》村信節《むらのぶよ》『嬉遊笑覧《きゆうしようらん》』巻八「方術」に引用されている『竜宮船《りゆうぐうせん》』という書物には、人間の外法頭と動物の外法頭のことが載っている。近世の巫女たちもこのようなものを用いて占いなどをしていたらしい。

予が隣家に、毎年相州《そうしゆう》より巫女来りけるが、来往の事を語るにあたらずといふ事なし。或時、服紗包《ふくさづつみ》を忘れ置たり。開きてみるに、二寸許《ばかり》の厨子《ずし》に一寸五分程の仏像ありて、何仏とも見分がたく、外に猫の頭とも云べき干《ひ》かたまりし物一ツ有《あり》。ほどなくかの巫女大汗になりて走り来り、服紗包を尋《たずね》ける故、即出し遣《つかわ》し、扨是《さてこれ》は何仏なるぞ、とたづねければ、是は我家の法術秘密の事なれども今日の報恩にあらく〳〵語り申べし。是は今時の如く太平の代にはいたしがたき事なり。此尊像も我まで六代持来《もちきた》れり。此法を行はんと思ふ人々幾人にてもいひ合せ、此法に用る異相の人を常々見《み》立置《たておき》、生涯の時より約束をいたし、其人終らんとする前に首を切落し、往来しげき土中に埋み置事十二月にて取出《とりいだ》し、髑髏に付たる土を取、いひ合せたる人数ほど此像をこしらへ、骨はよく〳〵吊《とむら》ひ申事《もうすこと》なり。此像はかの異相の神霊にて、是を懐中すれば、いかやうの事にても知れずといふ事なし、といふ。今一ツの獣の頭のこともたづねけるが、是は語りにくき訳あるにや、大切の事なり、とばかりいひけるよし、これなん世上にいふ外法つかひといふものなるべきか、と有り[66]。

今日の民間社会で活動している宗教者たちは、多かれ少なかれ、修験道や陰陽道の影響を受けており、「イヌガミ使い」とか「クダ使い」とか「イヅナ使い」とかいった人々は「護法」もしくは「式神」の後裔《こうえい》としての神霊を操る人々であるといえるのである。そしてその使役霊は、正の側面をもちつつも、暗い負の側面を抱えもった「魔」の類に属するものであるともいえるのであろう。

ところで、柳田国男は、こうした動物霊を操作する宗教者が近世に入って村落に定着するようになり、そのために「憑きもの筋」が形成されるようになった。つまり、「憑きもの筋」とは宗教者の家筋である、と説いたが、はたしてそうであるかは断定しえない。しかし「イヌガミ筋」が近世初期に存在していたことを考えれば、かなり妥当な見解であるとも思われる。

いずれにせよ、民間宗教者は、こうした「憑きもの筋」の動物霊とも重なる動物霊を操作したり、あるいは神秘的な神霊を操作したり守護神にしたりしていた。しかも、その神霊は、人々の身に生じる災厄を除いてくれる方面で活動してくれることもあるが、逆に災厄をもたらすこともあるという二重性・両義性を帯びた存在、「異人」なのであった。

彼らがこうした社会の認識論のうえでのみ周辺的な存在であるばかりでなく、人里離れた山奥や河原、橋のたもと、辻、寺社、墓地といった空間論的にも社会の周辺に住んでいることも見逃せない点である。そうした社会の周辺部の彼方には、「妖怪」や「魔」の支配する異界が、つまり夜の世界、鬼や死者の世界、冥界の王やその家来たちの世界が拡がっているからである。

民間の宗教者たちが、民俗社会と人々にとって異人のイメージ、恐ろしい「魔」と結びついたイメージをもち続けるのは、これまで述べてきたように、彼らの鬼神を操るほどの異常な能力とその背景にある外道・外法の世界、さらには「異界」との深い結びつきをみとめているからである。

五　異界・妖怪・異人

異界とは何か

「異界」とは自分たちの「生活世界」の向こう側の世界のことである。では、民俗社会にとってどのような意味をもった領域なのであろうか。それは別の世界、時間的にであれ、空間的にであれ、民俗社会の人々が誕生してから死ぬまでの生活を過ごす日常生活の場所と時間の外側にある世界のすべてが意味されている。すなわち、時間的にいえば、誕生以前と死後の世界、空間的には村落社会の外に広がる領域がいずれも異界といえるわけである。

しかし、実際にはこうした二種類の異界は相互に関連し合ったり、重なったりしている。たとえば、西方《さいほう》の彼方《かなた》にある浄土はまた、死後に善人が赴く浄土である。一方、異界には、観念の世界にのみ存在するものと地上に実際に存在する空間として表象されるものとの、二つのタイプがある。前者は、黄泉国《よみのくに》、常世国、極楽浄土と地獄、ニライカナイのような異界であって、この世に生ある限りそことの往来はできず、したがって、肉体を運んで見ることの不可能な世界である。民俗社会の人々は総じてこうした異界についてあまり想像力を働かせておらず、異界描写はきわめて乏しい。これに対して、後者の異界（地上の異界）は、この世と隔絶した世界ではなく、その気になれば行くことも見ることもできる地上の一定の空間領域、山とか海とか川、湖沼、村はずれや境、辻、といった空間であり、民俗社会の人々のコスモロジーのなかでもきわめて重要な意味を帯びている。この点については、すでに第一部でくわしく述べたはずである。

観念的異界は、こうした地上的異界を介して、つまりそこに世界を投影することによって意味をもち、また地上的異界は観念的異界を背後にもつことによって存在しているのである。したがって、地上的異界はこの世のなかにある異界、この世と観念的異界とを仲介する領域といえる。たとえば、京都の朱雀門や戻橋は、大内裏の内と外、京の内と外を区別するとともに、鬼の世界への境界でもあった。つまり、地上的異界は、この世の周辺部であるとともに観念的異界の周辺部（出入口）でもあるのだ。

「妖怪」や「魔」が人々の前に立ち現れ、立ち去ってゆくのがこうした地上の異界であり、また人々が「妖怪」や「魔」に出会うのもこうした異界であることが多い。もっとも、社会の周辺部、地上の異界は、ある程度、私たちの考える物理的空間の遠さに対応しているが、純粋な意味での空間的遠さではない。それは民俗社会の人々の認識のさまざまな位相に応じて変化する。

たとえば、家の内部に目を向けた場合、日常生活を営む炉辺が「この世」＝人間の領域であるのに対して、便所や神の間、座敷、納戸《なんど》、蔵などは非日常的な領域＝「あの世」との境界として把握される。その結果、便所に幽霊が現れたり、座敷にザシキワラシが出たり、蔵にクラボッコが出たりするわけである。

家の内部から家の内と外の対立に目を移すと、家の内側が「この世」であり、家の外側が「異界」となる。こうした観念をよく示しているのが、雨だれ落ちを賽《さい》の河原とみなす民俗である。山や原野からやって来る「アマノジャク」や「一つ目小僧」は、軒下まで侵入し、家のなかをのぞいて人々の様子をうかがう。家の内と外の区別は、門の内と外という具合に把握されることもある。地方によっては、そうした境界であることのしるしを、「魔」や「妖怪」の侵入を防ぐ目的をもつ注連縄《しめなわ》で作り出す。

さらに、橋や辻、峠といった所も、橋姫の祠《ほこら》、道祖神《どうそじん》、地蔵といった神や仏を祀っていることからもわかるように、顔を見知った人々の住む里と未知の空間＝異国とを区別する場所で、「ひだる神」や「七人みさき」のような怨霊や「産女《うぶめ》」のような女の妖怪が出没するとされていた。

　山や海、川は、こうした異界認識の諸位相のなかでももっとも高次元の位相をなしている。山や海や川は、観念上の異界と人間の住む現世との境界にあたっており、物理的にも人々から遠く隔てられているため、数多くの「妖怪」や「魔」が隠れ棲んでいた。鬼、天狗、海坊主、カッパ（水虎《すいこ》）、竜、磯女《いそめ》、その他の動・植物が年を経て妖怪化したもの、等々、その種目は多い。

　さらに注意すべきは、こうした空間的な領域は、昼と夜の対立・交替とも結びついていることであろう。すなわち、昼間は明るいために姿を見せなかった「妖怪」が、夜になると闇にまぎれて出没するのである。昼は日常的世界であった空間が、夜になると非日常的な異界、妖怪空間となるわけである。要するに、民俗社会の「妖怪」や「魔」は、現世と異界の仲介領域に出没したり、棲みついたりしている。そして人間社会の内部で生じた人間の変身したものである「妖怪」も、こういった領域へ立ち去ったり、追放されたりすることで「妖怪」や「魔」として存在し続けるのであり、天界や地下界、地獄といった異界に生まれ棲む「妖怪」や「魔」がまず出現するのも、こういった場所である。

青森県下北半島で採集した子守り唄に「寝ろぢゃ寝ろぢゃ寝ろぢゃよ、寝《い》ねば山からモコ来るぞ、モコ来て取てたらどうするぞ」というのがある。これと同様の東北地方の子守り唄としてたとえば「泣けば山からモウコ来る、泣けば里から鬼来るァね」というのも報告されている。ここで歌われている「モコ」とか「モウコ」は、柳田国男が整理した「モウ」「モモンガー」などと同系統の妖怪の総称であって得体《えたい》の知れない「妖怪」の類をさしている。おそらく、古代の「もののけ」をいう語が転訛《てんか》したものであろう。それが山からやって来て泣く子をたべると脅かし、泣きやませ寝かしつけようとしていうわけで、山の異界性＝異界空間性をよく語り示している事例といえるであろう。

ここでは、第一部で具体的に紹介・検討した田舎の景観や都市の景観を思い起こしながら、そこに出没する妖怪たちをイメージしてもらうのがいちばんよいであろう。私たちの先祖とともに生きていた妖怪たちの世界は、そのような世界だったのだ。

異界と異人

ところで、境界的空間領域としての異界と妖怪の関連とともに考慮しておくべきことは、人々が抱くコスモロジーにおける人間のカテゴリーである。それは自分を中心として同心円的な世界像を示している。山口昌男は、この点を次のように述べている。

中心は勿論円心と重なる「私」であり、この「私」は「彼」、「我々」に対する「彼ら」、「この世界」に対する「彼方の世界」という外で意識化される円周及びその彼方の部分に対置する形で、世界の像を描く。この円周の部分に現われる「彼ら」は他者の原像を提供する。とはいえ、円周は流動的であり、拡大したり、縮小したりするから、「内」と「外」という観念は決して固定的なものではない。(67)

山口が説くように、民俗社会の人々の宇宙論における人間の分類は、同心円的であり、流動的である。状況に応じて、その「私」(「我々」)と「彼」(「彼ら」)、あるいは「内の人」と「外の人」は多様に変化する。

この対立は、あるときは、ハルヤマノカスミオトコとアキヤマノシタビオトコ、コノハナサクヤヒメとイワナガヒメのように、兄弟姉妹間の対立として現れ、またあるときは、紫の上や六条御息所のように、一人の夫をめぐる妻たちの対立として現れる。こうした対立は家の内部の人間関係における対立で、説話の記述者たちは、前者を「内の人」、後者を「外の人」として把握している。というのは、後者の人々は社会の秩序道徳を犯した邪悪な人々であり、妖怪や鬼に変身した人として扱っているからである。これらの事例は、家族や親族の内部にも潜在的な〈他者〉がいることを暗示している。

また、このような「内」と「外」の対立は、「男」と「女」の対立としても示される。男は公的な場で活動し、権力を握っているのに対し、女は権力の領域から排除されて私的領域に閉じ込められている。また、女は出産という表象を通じて異界と結びつき、また月経という表象を通じて自然の領域、穢《けが》れの観念と結びつけられてきた。したがって、男に支配され抑圧される側の女は、男に比べて怨念を抱きやすい構造的位置、つまり〈他者〉＝妖怪に転化しやすい位置を占めている。たとえば「道成寺」の清姫や『磯崎』の前妻、『平家物語』「剣の巻」の橋姫といった形象は、こうした文化における女の潜在的な〈他者性〉を語っているものであろう。民俗社会の「妖怪」において、山姥や雪女、磯女、産女といったイメージのほうが、男のイメージよりも恐怖感が強いのも、そうした〈他者性〉と関係しているのではなかろうか。また、男の「生霊」よりも女の「生霊」のほうが、また男の邪悪な感情によって発動する「憑きもの」よりも女のそれのほうが数多く発生し深刻である、という事実もこれを語り示している。

さらに、「生活社会」という位相の内部にもまた、特定の〈他者〉が想定されている。それは、ある地域では「憑きもの筋」であったり、別の地域では被差別民であったり、民間の宗教者であったり、外国人であったりする。そうした人々は、家の神や職業、言語、肌の色などの差異などによって〈他者〉とされ、「外の人」とされる。そして、そうした人々に、鬼の子孫とか、害獣を祀る人々といったときには悪のしるしが、秘かにあるいは公然としるされるのである。こうしたしるしづけは、社会権力の中心にある人々が、社会権力の周辺にある人々のうえに対してのみ刻印するわけではない。たとえば、東北地方のザシキワラシは、金持ちの旧家に棲んでおり、それは一般の人々が彼らにとっての〈他者〉に与えたしるしであると考えられる。また、高知県東部の山間地帯のように複数の種類の「憑きもの筋」が共存する社会では、異なった「憑きもの筋」同士が互いに他者意識をもっている。

こうした人間の分類における民俗社会での最大の位相は、民俗社会（生活社会）の内側の人々と外側の人々との対立である。社会の外に住む人々は文字どおり〈他者〉であり、「よそ者」であり「異人」である。つまり、こうした人々が、ある民俗社会を訪れるとき、民俗社会の人々は、その人々を善なるイメージかもしくは悪なるイメージのいずれかのイメージ、あるいは両者の入り混じったイメージで把握する。そうした人々が社会に災厄をもたらすと判断されたとき、彼らは「魔」や「妖怪」と同一視されるわけである。たとえば、弥三郎という凶賊が鬼や怨霊というものに変形されていったように、「異人」には「魔」や「妖怪」のイメージが賦与されるのである。恐ろしい病に冒されている巡礼、恐ろしい呪力をもつと信じられた遊行する宗教者、こういった人々はしばしば「妖怪」であり、「魔」とみなされていた。それが、日本社会の歴史の暗い側面の一つを構成していたのであった。こうした人間分類は、近代になると日本人という次元でも現れ、「外人」といった《他者》も登場することになった。

秩序・災厄・異人（妖怪）

「妖怪」や「魔」を創り出すのは人間社会である。それは個人の抱く不安や抑圧とも関係しているが、社会を秩序づけるための共同幻想としても創り出される。とくに、後者の場合、民俗社会の秩序が乱れたとき、その乱れの原因を担ってくれるものでもあった。

社会秩序の混乱や人々のうえに生じるさまざまな災厄の原因を社会の内部に求めるとき、その原因として「呪詛」や「憑きもの筋」「民間の宗教者」などが選び出される。他方、社会の外部にその原因を求めることもある。そのような場合には、怨霊や幽霊、鬼や大蛇と化した人間起源の霊と述べられたり、また、異界に棲む神々の祟り(=「荒ぶる神」)や鬼などの非人間起源の「妖怪」のせいにすることもある。

社会秩序を維持するために、また説明しえないものをみせかけの上でも説明しようとする思考のために、悪の担い手として選び出される人々にとって、こうしたことは不当きわまりないことである。「お前が私を呪ったので病気になった」と告げられたり、「お前の家のイヌガミが、うちの作物を枯らした」と告発されたとき、呪ったり、イヌガミを送りつけたりした覚えのない人々の驚き・憤りは激しく、また、そうした人々にとって社会に生きることは悲しみに満ちたものであったことだろう。

しかし、人間がすべての人々と同じ程度に交渉し、同じような歴史状況、社会環境のなかに生まれ、そして愛や憎しみの感情を抱くことがなくならない限り、人間関係・社会関係や歴史的経過、社会状況の差異のために、あるいは感情のおもむくままに、〈私〉と〈他者〉、「我々」と「彼ら」といった区別が作り出され、さらにその区別が、「善」と「悪」の区別と重ね合わせられてしまう。それがこれまでの社会の実状であるのだ。

生理的不安が、人々に「妖怪」を見させることもある。しかし、それにもまして、「私」や社会に恨みを抱いている人々がいるという信念もまた「妖怪」を生み出す。したがって、そうした信念を抱いている人々に災厄が生じたとき、その原因は、「我々」に恨みを抱いている「妖怪」、あるいはそれと深い関係をもつ「彼ら」に求められることになる。「彼ら」は共同幻想の内部にあっては、まぎれもなく「妖怪」なのである。しかし、真に問題となるのは、「魔」や「妖怪」を必要としている「我々」のほうなのではないだろうか。

そして、そう問うとき、妖怪や魔の問題は、怨み・憎しみ・妬みといった人間の心の問題に置きかえられるはずである。冒頭において、「妖怪」を論ずることは、古代から現代に至る日本人の生き方に触れる問題と述べたのは、このような意味からであった。妖怪研究とは人間の心の研究であり、人間の社会の研究というべきなのである。

おわりに——妖怪と現代文化

近代の科学文明の発達・浸透とともに人間世界から妖怪は消滅するはずであった。多くの人々がそう考えていたし、実際、前代からの妖怪たちは滅んでいった。夜の深い「闇」の消滅が、そこを棲みかとしていた妖怪たちに、決定的打撃を与えたことは間違いない。たしかに、現代の夜の東京で、夜の平安京を闊歩《かっぽ》していたという百鬼たちの群行する姿を見た者はいない。東京のど真ん中で、江戸の町で人をしばしばばかしていたキツネにばかされたということも聞いたことがない。その意味では、鬼も、妖怪キツネも、そして現実世界に出現するとされていた多くの妖怪たちも、消え去ってしまった。しかしながら、本書でも示したように、まことに興味深いことに、現代においても、妖怪たちは生き続け、また、新たに生まれているのだ。

妖怪文化には、現実世界に妖怪が出没すると語られるレベルでの妖怪と、有名・無名の物語作者たちの想像力によって生み出されたフィクションのレベルでの妖怪がある。

近代の科学文明の発達・浸透とともに消滅すると思えた妖怪が、現代の大都会にも出没するのはどうしてなのか。妖怪の温床とみなされていた「闇」が、都会ではなくなってしまったといわれているのに、どうして妖怪は発生しうるのだろうか。本書を書き終えたいま、その答えははっきりしている。現代社会にも妖怪を想像する力をもった人間がたくさんいるからである。妖怪は人間と表裏の関係にある。人間がいなければ妖怪は存在しえない。したがって、山奥の過疎地域で妖怪がほとんど消滅してしまった理由の一つは、妖怪文化を支える肝心の人間がいなくなってしまったことにある。しかも、前代から伝えられてきた妖怪たちが棲みついていた「闇」や「自然」が人間によって制圧され、このために人間の能力を超えた「大きな力」の象徴となる資格を失ってしまったことも、前代の妖怪を衰退させることになったのであった。

しかしながら、多くの人々が住んでいる都市は妖怪の発生の条件を十分備えている。問題は、科学が妖怪の存在を「迷信」として否定しているにもかかわらず、そのことを家庭や学校、マスコミなどを通じて教えられているにもかかわらず、妖怪を想像しそれを現実世界に出没させる人たち、いいかえると、妖怪という存在を通じてなにかを表現したいと思っている人たちがいるかどうかであった。科学的精神をもった人たちの多くは、科学文明の浸透とともに、そうした「迷信」をもった人たちは減っていくと考えていた。だが、実際はそうではなく、若い女性や子どもたちが現代の都市空間のなかに妖怪を生み出し続けていたのであった。

科学的・合理的精神を身につけて日常生活を送るのが好ましい人間だとする、妖怪や迷信を信じない人たちからみると、若い女性の精神はまだ「原始的」で「呪術的」「非合理的」段階にある、ということになり、子どもも一定の時期はそういう段階にある、ということになるのかもしれない。しかし、人間を幸福にするはずであった近代の科学文明・合理主義が頂点にまで到達したという現代において、多くの人々がその息苦しさ、精神生活の「貧しさ」（精神的疲労）を感じ、将来に漠然とした「不安」を抱いているということを思うと、逆に「原始的」とか「呪術的」とか「迷信」といったレッテルを貼って排除してきたもののなかに、むしろ人間の精神にとって大切なものが含まれているともいえるのかもしれない。だとすれば、むしろ妖怪を登場させる若い女性や子どもたちの精神活動のほうが、人間らしく心が豊かであるということにもなるだろう。少なくとも、画一化してしまった物質文明のなかで、妖怪の名を借りて想像力をふくらませている彼らの生活が、私にはとても人間的に思えてならないのだ。

それにしても、どうして彼ら（第三者のようにいっているが、このなかには私をはじめとした老人や若壮年の男たちも含まれているのだが）は「妖怪」を語りたがるのだろうか。じつは、彼らは「妖怪」のみを語っているわけではない。テレビや雑誌、新聞などのマスメディアから送られる情報をキャッチしつつ、それを利用した「物語」（世間話）を作っては語りあっている。「誰それさんの家には包丁もまな板もない」とか、「誰それと誰それは不倫の関係らしい」とか「俳優の誰それが誰それと結婚するらしい」といった話を語りあうことで人間関係を維持しており、そのなかに「テレビの『サザエさん』の最終回は、サザエさんの一家がハワイ旅行に出かけた帰りに、乗った飛行機が海に墜落して、サザエさんはサザエに、カツオくんはカツオ、ワカメちゃんはワカメといったように、名前どおりのものになるんだって」といった物語性の高い冗談めいた話が作られ、その種の話のなかに、「実際にあった話」として「妖怪」の話も語られているのである。

そうだとしても、どうしてそのなかに「妖怪」の話が含まれているのだろうか。しかもそれはけっしてまれにしか語られない話ではない。むしろ好まれる話なのである。大雑把にいって、理由は二つあると考えられる。一つは「不思議」を人々が求めていることである。「不思議」は一方では科学の進歩をうながす。墓場に人魂が出るというのはなぜかと問うことによって、科学は進歩する。その一方、「不思議」はそれとは異なる想像力を羽ばたかせるのである。想像力が生み出したもう一つの世界つまり「異界」に人々を誘うのである。

第二の理由は、現代人の心のなかに「不安」や「恐怖心」つまり「闇」が存在していることによっている。その「闇」が「妖怪」として形象化され物語化されて、社会に吐き出されるのである。つまり、妖怪が本来の棲みかとしているのは、人間の心の「内部」なのだ。人間の心のなかで生まれた妖怪が、その外の世界に解き放たれたとき棲みつくところが、外界にある「闇」だったのである。その「闇」は同時に夜の漆黒の闇であり、人間が支配できない部分をもっていた「自然」であったが、しかし、そうした夜の闇も、自然も消滅したために、心の「外部」つまり現代都市社会に送り出された現代の妖怪は、新たな環境のなかに出没しやすい場所を探すというわけである。これまで論じてきたように、いつの時代でも、妖怪たちはその母胎であり、存在の根拠である人間の生活に応じて性格を変化せざるをえないのである。現代の妖怪たちは、そうした現代日本人の生活の事情を十分にふまえて登場してきているといっていいだろう。

現代の妖怪の特徴を事例を挙げて考えてみよう。たとえば、若い女性や子どもたちを中心にして語りだされた「口裂け女」のうわさを思い出していただきたい。多くの大人はこのクチコミ・マスコミの双方を通じて日本の各地を駆けめぐったこの妖怪を、たんなるうわさ話としてかたづけようとしたが、若い女性や子どもたちはこのうわさに心底から震え上がった。実際に、このうわさが広まった当時、信州大学に勤務していた私は、ゼミナールのあとの飲み会を終えたとき、一人で帰れないで困っている女子学生たちの姿を目撃している。地方によっては、集団下校し、一人で家のなかの風呂にも入れない小学生がいたといい、また、うわさに便乗し「口裂け女」に扮して夜の街を徘徊する者が出るほどであった。

世間をおおいに騒がせたこの「口裂け女」のうわさ話には、いろいろなバリエーションがあるが、そのおよその内容は、大きなマスクを口にかけて、都市の夜の街灯の下で通りがかりの者を呼び止め「私、きれい」と問いかけ、そのマスクを取ると、耳まで裂けた口が現れる。驚いて逃げ出すとものすごい速さで追ってきて殺されてしまう。しかしポマードというとその難を逃れることができる、と語られていた。

このうわさを聞いたとき、私は物語の構造がきわめて伝統的な構造をもっていることに気づいた。古くは古代神話の、死んだ妻のイザナミを慕って黄泉《よみ》の国を訪れたイザナキが妻の腐乱した姿を見て逃げ出し、追ってくる妻や黄泉の国の者たちを、さまざまな呪物で防ぎつつ地上に逃げ帰ってくる話や、昔話にみられる山姥《やまうば》に追いかけられた小僧が、もっていた護符で防ぎつつ逃げ帰ってくるという「三枚の護符」などと、よく似ていたのである。誰が語りだしたのかはわからないが、またわかったとしても当人がどれだけそれを自覚していたかは怪しいが、この「口裂け女」の話がそうした先行する話の枠組みを利用していることはある程度推測しうるわけである。しかし、現代の都市にイザナミや山姥をそのまま登場させるわけにはいかないのだ。それを受け入れる文化的・自然的環境が消滅してしまっているからである。つまり、イザナミはもちろんのこと、つい最近まで山村では生きていた山姥さえも、現代の都市では登場することができない妖怪になっていたのだ。はっきりいうと、山姥も過去の(死んだ)存在になっていたわけである。「口裂け女」の出現の話は、農山村的妖怪の「山姥」の衰退・滅亡を告げている。しかし、それは同時に「口裂け女」が「イザナミ」や「山姥」などが現代にふさわしいように衣がえして再生してきたものともいいうるであろう。生み落とされた環境がこれまでと違っていたのに気づき、現代的環境にふさわしいようにばけたのだ。たしかに、「口裂け女」には超越的・神秘的属性が希薄で、口が裂けているのは整形手術に失敗したためだとか、逃げた者に追いつけるのはフェアレディに乗って追いかけるからだ、といった合理的な説明が施されている。この難を逃れるために、「護符」を「ポマード」にしている点にもそれは表れている。

この「口裂け女」はほぼ全国を駆けめぐって立ち去っていった。いまはもう過去の妖怪である。私たちはこの妖怪について、猛威をふるっていた当時からその理由をあれこれ推測してきた。はっきりしているのは、こうしたうわさを語った人々の心の内部にある「闇」(=恐怖)がこのような妖怪を生み出したということである。しかし、その「恐怖」とは具体的になんなのだろうか。たしか「教育ママ」の象徴的表現だとする説もあった。私は女性を支配する「美」の価値観に対する「恐怖」がこの「口裂け女」を生み出したとの説を唱えた。

いずれにしても、現代の妖怪は現代の都市生活・環境に適応した形で登場してくる。そして現代人が心に「闇」を抱えるかぎり、妖怪撲滅をはかる「科学者」たちの目をくらますようにして、絶えず出没するのである。柳田国男が予見したように、一〇〇年後、二〇〇年後も妖怪たちはその時代にふさわしい姿にばけて出現することだろう。出現しないような時代が到来したとしたら、その時代は人間がいないか、人間が人間でなくなってしまった時代ではないかと私には思われてならないのだ。

都市の現実世界で、若い女性や子どもたちを中心にまことしやかに怪談が語られる一方で、アニメやコミック、小説、映画などのフィクションの領域でも妖怪を登場させるものが人気を博するようになり、これに刺激され、日本のさまざまな妖怪を紹介したり、その歴史をたどるといった内容の雑誌特集や書籍の刊行が相次ぎ、近年では、妖怪や幽霊を描いた絵巻や絵草紙、浮世絵などの展覧会が博物館や美術館で催されるようになってきた。日本人が作り出した妖怪それ自体への関心は、それを信じるとか信じないとかいったこととは関係なく、ブームというよりも、いまでは現代文化の一部として定着してしまった感さえある。妖怪学・妖怪研究への関心もこうした動きと連動する形で高まってきたわけである。

妖怪への関心は現代文化においてけっして孤立した現象ではない。人間の心・内面にかかわるさまざまな社会現象、たとえば、密教、新々宗教、神秘主義、占い、予言、臨死、怪獣、バーチャルリアリティ体験といった事柄への関心の高まりとも通底する現象である。こうした社会現象の背景にあるのは、いうまでもなく現代の閉塞状況である。

ここ数十年の間に、私たちの時代は大きく変わった。科学文明・物質文化の浸透によって都市空間から「闇」が消滅し、明るいそして均質化された世界が私たちの日常生活の環境となり、そこで単調だともいえる毎日を繰り返してきた。ところが、私たちはこの日常生活をしだいに苦痛に思うようになってきたのである。そればかりではない。私たちの描く日本文化・地球文化の未来のイメージも、高度成長期のような明るいものではなくなり、政治、経済、社会生活、病気、自然環境そして精神生活、等々、さまざまな点で、「不安」の色がともなったものとなってきているといってもいいだろう。

ある意味で、人々の心のなかの「闇」が広がりつつあるのだ。いいかえれば、「妖怪・不思議」は、科学主義・合理主義が生み出した便利さや物質的豊かさを享受しつつ、その世界を支配している価値観に疑問をもったり、それにしたがって生きることに疲れた人々の前に立ち現れてくる。「妖怪・不思議」は現代社会を支配している価値観、つまり人々の生きている「現実」世界をこえたものである。人々はそうした「妖怪・不思議」を、フィクションを通じてであれ、うわさ話としてであれ、自分たちの世界に導き入れることで、自分たちの「現実」にゆさぶりをかけたり、そこからの離脱を試みているのである。

「妖怪・不思議」は、自分たちの「現実」を相対化し、別の「現実」もありうることを示唆する。たとえば、宮崎駿のアニメ『となりのトトロ』を通じて、私たち現代人が失ってきた世界がなんであったか、物語のなかに妖怪を登場させることで人間の精神生活をどれほど生き生きと描き出せるか、子どもがその想像力をいかに羽ばたかせることができるか、等々を、私たちは十分に学びとったはずである。「妖怪・不思議」は、私たちに「もう一つの現実」の世界を用意し、そこで遊ぶことを、そして、それが人間にとってどれほど大切なことかを教えてくれるのである。妖怪学が必要な理由の一つはここにあるといえよう。

あとがき

この本の生まれた経緯をたどっていくと、ある小さな出来事にゆきあたる。その日、私は新宿のある喫茶店で、当時『日本民俗文化大系』の編集長であった山崎晶春氏と会っていた。「魔と妖怪」と題する論文を執筆してもらいたい、というのが面談の内容であった。それまでにも妖怪・鬼神のたぐいについての短い論文をいくつか書いていたが、そのころの私はミクロネシア調査に本格的に取り組みだしていたときで、正直なところ、この依頼に乗り気でなかった。しかし、粘り強さで定評のある（と後で知った）山崎氏は、「あなた以外このテーマを書ける人はいないし、あなたにはこのテーマしかこの大系には書くべき場所は用意されていない」と、ほめているのか、けなしているのかわからないような言葉で承諾を迫ったのであった。結果は、もちろん山崎氏の粘り勝ちであった。いま思うと、この出来事は、その後の私の研究において重大な転機となったようである。

そのころ、日本の妖怪に関心をもつ民俗学者や人類学者は皆無に近かった。私も妖怪についてそれほど組織だった研究をしていたわけではなかったので、その論文を書くためにかなりの時間を費やして妖怪に関する文献をあさり、また取材旅行にもでかけた。その過程でじつに多くの妖怪変化と出会うことになった。たちまち妖怪たちの多様な姿に魅了され、スケールの大きな妖怪物語の世界に引き込まれた。妖怪たちが私に取り憑いたのはこのときだったらしい。

妖怪たちの文化は、それまで私が探究を進めていた憑霊信仰や陰陽道信仰とも関係の深い部分が多く、それほど無理をせずにその世界に入り込むことができた。だが、困ったことに、「魔と妖怪」を書き上げたあとも、その世界から抜け出せなくなってしまったのだ。その後も、その執筆時に発見したさまざまなテーマについての著書や論文やエッセイなどを書き散らかしていった。書いても書いても書き足らなかった。これまで出会った妖怪たちが「自分たちについてもしっかり書いてくれ。現代に自分たちを復活させてくれ」と急き立てている。そのような感じなのである。そして十数年が経ってしまった。

いままた、因縁の深い山崎晶春氏の求めで、「魔と妖怪」（『日本民俗文化大系』第四巻、小学館、一九八三年）と「変貌する現代人のコスモロジー」（『春秋生活学』第五号、小学館、一九八九年）を基礎としたこの本を刊行することになった。第二部

「魔と妖怪」は旧稿に若干の修正を施したものであるが、それ以外はすべて書き下ろした。この書を記念に、今度こそ妖怪との長いつき合いをしばらくは絶ちたいと願っているのだが、さてどうなることだろう。

最後に、今回も粘り強く私を励ましてくださった編集責任者の山崎晶春氏、本書の編集実務を担当された間島弘氏、今回も写真や図版などのお世話をしてくださった品田悦彦氏に心からの感謝の意を表したい。

一九九四年五月一〇日

小松和彦

新書版　あとがき

この本の原本は、一九九四年に小学館から刊行された。その後、二〇〇〇年に同社のライブラリー版として再版されたが、品切れの状態になっていた。この度、新書版に装いを改めて世に出していただくことになった。人文科学関係の書籍の出版が困難になりつつある今日において、まことにありがたいことだと思う。

昨今の妖怪ブームを知る人には信じがたいことかもしれないが、原著刊行当時は、まだ妖怪研究の意義は今日ほど認知されていたわけではない。「妖怪」という文字が書名に掲げられると、好事家の興味本位の本であろうと思われてしまうのが当たり前の状況であった。まじめに研究するようなテーマとは思われていなかったのである。

そうした状況のなかで、私は本書で、妖怪は人間研究、文化研究の格好の素材なのだというテーゼを大まじめに掲げて、私なりの視点から日本の妖怪を論じてみた。あれこれと思いついたことを書き込み、このため盛りだくさんの素材を前にしていささか消化不良気味の内容となっているが、私がもっとも言いたかったことは、次のようなことであった。

人は、人知ではすぐに解き明かせない不思議な出来事に遭遇したとき、そのような出来事を説明するために、超自然的な力や存在を想定してきた。これはどの国にでもどの時代でも見出せることである。とすれば、この「超自然的な力や存在」を研究することは、人間や文化を理解する方法の一つとして適切であると考えられる。

ところが、学問の世界では、「超自然的な力や存在」のうち、人びとの崇拝・帰依の対象となっている「神」についてはたくさんの研究がありながら、好ましくないと思われている「超自然的な力や存在」に関しては、無視されるか周辺的事柄としてしか扱われてこなかった。そのような状態をみて、私は研究者たちが積極的に関心を向けようとしない「超自然的な力や存在」の諸事例を拾い集めて、組織的に研究してみようと思い立ったわけである。

ところが、そうした事例を集めていくにつれて、それらをまとめて表現する概念や用語の必要性が生じてきた。たとえ事例のなかで神と呼ばれていても、研究者からは邪悪であるという理由で「神」のカテゴリーに入れてもらえないような、周辺的で雑多なまがまがしい「超自然的な力や存在」を、研究を進めるための操作概念としても、それらをカテゴリー化し定義する必要が生じたわけである。

そこで、私は「祀られているかどうか」（制御されているかどうか）という指標を設定し、「祀られているもの」をとりあえず〈神〉とし、「祀られていないもの」を〈妖怪〉としてみた。

言語学・記号学の概念でいえば、前者は〈徴《しるし》をつけられたもの〉ということになる。その徴づけは、具体的には社堂の建立や祭儀などさまざまな実践によってなされている。

とりあえず、こうした、徴づけられた「超自然的な力や存在」を〈神〉として切り出し、その残余を〈妖怪〉としてみたのである。これによって、ようやく「超自然的な力や存在」の一部に関心を注げるようになったのである。読者にはたいしたことではないように思えるかもしれない。だが、私にとっては画期的なことであった。これによってどうにか私は私なりの「妖怪論」を立ち上げることができるようになったのである。

もちろん、「超自然的存在や力」は、運動する力であり存在である。祀られているからといって、その状態をつねに保っているわけではない。それは制御されたり、制御しえない状態になったりを繰り返している。したがって、その運動の様態をしっかり押さえる必要がある。その様態を具体的事例にそくして分析する必要がある。その分析の積み上げが、「妖怪学」と名づけることができる試みなのだと思う。その意味で、本書は私の「妖怪学宣言」であった。考えてみると、たとえば、『憑霊信仰論』とか『異人論』といった著作のなかで試みていたことも、見方によれば妖怪研究の試みであったといえるだろう。

そして、本書刊行から十年以上もの時が流れた。幸いにして、妖怪への関心が高まり、それに影響されてであろう、妖怪研究のほうも盛んになっている。

私自身も、妖怪研究を効率的に進めるため、研究に不可欠であるがこれまで入手がむずかしかった論文などを集成した『怪異の民俗学』（全八巻、河出書房新社）を編集したり、科研費を得て民俗学関係の雑誌に報告されている妖怪伝承事例をもとにした「怪異・妖怪伝承データベース」（国際日本文化研究センターのホームページで公開）などを作製したりしてきた。

また、二〇〇六年には、この間の妖怪研究の論文やエッセイをまとめた『妖怪文化入門』（せりか書房）を刊行もしている。

しかしながら、妖怪研究が盛んになり、その研究が精緻になり、細部にわたるようになるにつれて、私はそうした動きとは裏腹に、妖怪研究をもっと根源的なところから考えてみたいという欲求に突き動かされている。

本書の「妖怪とはなにか」で論じた、妖怪以前あるいは妖怪の発生の問題をもっと詳細に論じてみたいという欲求である。今回の新書版のために改めて読み直し、その思いがいっそう強くなってきた。すぐにというわけにはいかないが、時期をみてじっくり腰をすえて考えてみるつもりである。

最後に一言お礼。この新書版のために解説を書いてくださった高田衛先生には、都立大の大学院生であった頃からお付き合いをしていただいている。先生の道成寺縁起をめぐる講義に出たのがきっかけであった。それ以来、高田先生の仕事からはたくさんのアイデアをいただいてきた。その意味で先生は私の妖怪研究の道案内人の一人でもあった。このたび、老いてますます健筆ぶりを発揮されている先生から、身に余るような内容の解説をいただいた。心から感謝の意を表したい。

二〇〇七年五月

小松和彦

注

はじめに

(1) 寺田寅彦「化物の進化」『寺田寅彦全集　文学篇』第三巻、岩波書店、一九三七年。
(2) 明治から大正にかけて発表された井上円了の主要な仕事は、『妖怪学講義』(全六巻)、国書刊行会、一九七九年、『新編妖怪叢書』(全八巻)、国書刊行会、一九八三年、『妖怪学雑誌』(全五巻)、国書刊行会、一九八四年、として復刊されている。
(3) 川村邦光『幻視する近代空間』、青弓社、一九九〇年、を参照のこと。
(4) コルネリウス・アウエハント『鯰絵』小松和彦・中沢新一他訳、せりか書房、一九七九年。
(5) 江馬務『日本妖怪変化史』、中外出版、一九二三年、のち中公文庫、二〇〇四年。
(6) 柳田国男「妖怪談義」『定本柳田国男集』第四巻、筑摩書房、一九六八年。
(7) 柳田国男「幽霊思想の変遷」『定本柳田国男集』第一五巻、筑摩書房、一九六九年。
(8) 柳田国男「狸とデモノロジー」『定本柳田国男集』第二二巻、筑摩書房、一九七〇年。
(9) 柳田国男「巫女考」『定本柳田国男集』第九巻、筑摩書房、一九六九年。
(10) 柳田国男「一目小僧その他」『定本柳田国男集』第五巻、筑摩書房、一九六八年。
(11) 平田篤胤「稲生物怪録」『新修平田篤胤全集』第九巻、名著出版、一九七六年。
(12) 池田弥三郎『日本の幽霊』、中公文庫、一九七四年。
(13) 諏訪春雄『日本の幽霊』、岩波新書、一九八八年。
(14) 阿部主計『妖怪学入門』、雄山閣、一九六八年。
(15) 阿部正路『日本の妖怪たち』、東京書籍、一九八一年。
(16) 今野圓輔『怪談』、社会思想研究会出版部、一九五七年。

（17）石塚尊俊『日本の憑きもの』、未来社、一九五九年。
（18）小松和彦『憑霊信仰論』、伝統と現代社、一九八二年、のち講談社学術文庫、一九九四年。
（19）谷川健一『魔の系譜』、紀伊國屋書店、一九七一年、のち講談社学術文庫、一九八四年。
（20）谷川健一『青銅の神の足跡』、集英社、一九七九年。
（21）谷川健一『鍛冶屋の母』、思索社、一九七九年、のち講談社学術文庫、一九八五年。
（22）井之口章次「妖怪の地域性」『日本の俗信』、弘文堂、一九七五年。
（23）桜井徳太郎『民間信仰』、塙書房、一九六六年。
（24）石川純一郎『河童の世界』、時事通信社、一九八五年。
（25）馬場あき子『鬼の研究』、三一書房、一九七一年、のちちくま文庫、一九八八年。
（26）佐竹昭広『酒呑童子異聞』、平凡社、一九七七年、のち岩波同時代ライブラリー、一九九二年。
（27）たとえば、藤沢衛彦『日本伝説全集』（全八巻）、三笠書房、一九五五～五六年。
（28）宮田登『妖怪の民俗学』、岩波書店、一九八五年、のち岩波同時代ライブラリー、一九九〇年。
（29）松谷みよ子『学校』（『現代民話考・第二期Ⅱ』）、立風書房、一九八七年。
（30）常光徹『学校の怪談』、ミネルヴァ書房、一九九三年。

第一部

（1）イーフー・トゥアン『恐怖の博物誌』金利光訳、工作舎、一九九一年。
（2）同右。
（3）たとえば、山口昌男『文化と両義性』、岩波書店、一九七五年、イーフー・トゥアン『空間の経験』山本浩訳、ちくま学芸文庫、一九九三年、などを参照。
（4）小松和彦『憑霊信仰論』、伝統と現代社、一九八二年、のち講談社学術文庫、一九九四年。

(5) 中村禎里『狸とその世界』、朝日選書、一九九〇年。
(6) イーフー・トゥアン『恐怖の博物誌』〈前掲(1)〉。
(7) 福田アジオ『日本村落の民俗的構造』、弘文堂、一九八二年。
(8) 樋口忠彦『日本の景観』、春秋社、一九八一年、のちちくま学芸文庫、一九九三年。
(9) 米山俊直『小盆地宇宙と日本文化』、岩波書店、一九八九年。
(10) 水木しげる『のんのんばあとオレ』、ちくま文庫、一九九〇年。
(11) 岩井宏實『暮しの中の妖怪たち』、文化出版局、一九八六年、のち河出文庫、一九九〇年。
(12) 大阪大学日本文化学研究室「能登半島門前町旧七浦村民俗調査ノート(一)」『しつら』(七浦小学校同窓会誌)五〇号、一九九二年。
(13) 柳田国男『遠野物語』、新潮文庫、一九七三年。
(14) 菊池照雄『遠野物語をゆく』、伝統と現代社、一九八三年。
(15) 菊池照雄『山深き遠野の里の物語せよ』、梟社、一九八九年。
(16) 赤坂憲雄『遠野/物語考』、宝島社、一九九四年。
(17) 佐々木喜善の『遠野物語拾遺』は、新潮文庫、一九七三年版『遠野物語』に収録されている。
(18) 米山俊直『小盆地宇宙と日本文化』〈前掲(9)〉。
(19)(20)(21)(22)(23) 菊池照雄『遠野物語をゆく』〈前掲(14)〉。
(24) 柳田国男『遠野物語』〈前掲(13)〉。
(25) たとえば、小松和彦『異人論』、青土社、一九八五年、を参照のこと。
(26)「片子」については、小松和彦「異類婚姻の宇宙」(上・下)、『へるめす』10号・14号、一九八七・八八年を参照。
(27) 三浦佑之『村落伝承論』、五柳書院、一九八七年。

(28) フィリップ・ポンス著、神谷幹夫訳『江戸から東京へ』、筑摩書房、一九九二年。
(29) 柳田国男「都市と農村」『定本柳田国男集』第一六巻、筑摩書房、一九六九年。
(30) 『日本の絵巻』11、中央公論社、一九八八年。
(31) 黒田日出男「説話と絵巻」『説話とその周縁』(『説話の講座』6)、勉誠社、一九九三年。
(32) 長野嘗一校註『日本古典全書　今昔物語五』、朝日新聞社、一九五五年。
(33) 真保亨監・金子桂三写真『妖怪絵巻』、毎日新聞社、一九七八年、による。
(34) 田中貴子『百鬼夜行の見える都市』、新曜社、一九九四年。
(35) 『日本随筆大成』(第三期　4)、吉川弘文館、一九七七年。
(36) 『燕石十種』第三、国書刊行会、一九〇八年。
(37) 長谷川強校注『耳嚢』、岩波文庫、一九九一年。
(38) 重友毅校註『日本古典全書　上田秋成集』、朝日新聞社、一九五七年、による。
(39) 宮田登『ヒメの民俗学』、青土社、一九八七年。
(40) 谷崎潤一郎『陰翳礼讃』、中公文庫、一九七五年。
(41) 村瀬学『子ども体験』、大和書房、一九八四年。
(42) 朝倉喬司『流行り唄の誕生』、青弓社、一九八九年。
(43) 槇文彦「日本の都市空間と〈奥〉」『記憶の形象』、筑摩書房、一九九二年。
(44) 奥野健男『文学における原風景』、集英社、一九七二年。
(45) 井上円了『お化けの正体』(『新編妖怪叢書』6)、国書刊行会、一九八三年。
(46) 松谷みよ子『偽汽車・船・自動車の笑いと怪談』(『現代民話考・第一期Ⅲ』)、立風書房、一九八五年。
(47) 松谷みよ子『偽汽車・船・自動車の笑いと怪談』(同右)。
(48) 常光徹『学校の怪談』、ミネルヴァ書房、一九九三年。

(49) 松谷みよ子『学校』(『現代民話考・第二期Ⅱ』)、立風書房、一九八七年。
(50) 常光徹『学校の怪談』〈前掲(48)〉。
(51) 井上円了『お化けの正体』〈前掲(45)〉。
(52) 室生忠『都市妖怪物語』、三一書房、一九八九年。

第二部

(1) 柳田国男「妖怪談義」『定本柳田国男集』第四巻、筑摩書房、一九六八年。
(2) 小松和彦『憑霊信仰論』、講談社学術文庫、一九九四年。
(3) くわしくは、本書第一部の「妖怪とはなにか」および『憑霊信仰論』(同右)を参照。
(4) 『肥前国風土記』、秋本吉郎校注『日本古典文学大系2　風土記』、岩波書店、一九五八年。
(5) 『常陸国風土記』(同右)。
(6) 小松和彦「『いざなぎの祭文』と『山の神の祭文』——いざなぎ流祭文の背景と考察——」五来重編『修験道の美術・芸能・文学Ⅱ』(『山岳宗教史研究叢書』一五)、名著出版、一九八一年。
(7) 宮田登『江戸の小さな神々』、青土社、一九八九年。
(8) こうした妖怪退治説話の主要なものの内容については、小松和彦『日本妖怪異聞録』、小学館、一九九二年、同『日本人と異界』NHK出版、一九九三年、などを参照のこと。
(9) 『古事記』、倉野憲司・武田祐吉校注『日本古典文学大系1　古事記　祝詞』、岩波書店、一九五八年。
(10) 長野嘗一校註『日本古典全書　今昔物語五』朝日新聞社、一九五五年。
(11) 小松和彦『説話の宇宙』、人文書院、一九八七年。
(12) 小松和彦『異人論』、青土社、一九八五年、赤坂憲雄『異人論序説』、ちくま学芸文庫、一九九二年。
(13) 佐竹昭広『酒呑童子異聞』、平凡社、一九七七年、のち岩波同時代ライブラリー、一九九二年。

(14) 島津久基編・市古貞次校訂『続お伽草子』、岩波文庫、一九五六年。
(15) 池上洵一校注『三国伝記上』、三弥井書店、一九七六年。
(16) 谷川健一『鍛冶屋の母』、思索社、一九七九年、のち講談社学術文庫、一九八五年。
(17) 私は、この伝説が凶賊弥三郎誅伐という出来事（おそらく歴史的事実）に基づいた伝承と、それより後に生じたこの地方を襲った旱魃《かんばつ》という出来事とが結合して生成されたのではないかと考えている。くわしくは、小松和彦「説話の生成と変遷」『鬼の玉手箱』、福武文庫、一九九一年、を参照のこと。
(18) 柳田国男『遠野物語』、新潮文庫、一九七三年。
(19) 江馬務『日本妖怪変化史』、中外出版、一九二三年、のち中公文庫、二〇〇四年。
(20) 横山重・松本隆信編『室町時代物語大成第九』、角川書店、一九八一年。
(21) 田中貴子『百鬼夜行の見える都市』、新曜社、一九九四年、を参照。
(22) 石川純一郎『河童の世界』、時事通信社、一九八五年。
(23) 松谷みよ子『民話の世界』、講談社現代新書、一九七四年。
(24) たとえば、三田村鳶魚編『未刊随筆百種』第二巻（中央公論社、一九七六年）に収められている「勝《かち》扇子《おうぎ》」を参照のこと。なお、このあたりのことについては、田中貴子『百鬼夜行の見える都市』〈前掲(21)〉が参考になる。
(25) 麻原美子他編『屋代本・高野本対照　平家物語三』、新典社、一九九三年。
(26) 近藤喜博校訂『神道集』、角川書店、一九五九年。
(27) 柳田国男「一目小僧その他」『定本柳田国男集』第五巻、筑摩書房、一九六八年。
(28) 矢代和夫『境の神々の物語』、新読書社、一九七一年。
(29) 御伽草子『酒典童子』も、肉付面のモチーフをもった物語である。伊吹大明神の子として生まれた童子は、比叡山に修行のために稚児《ちご》としてはいるが、大酒飲みのため仲間から嫌われる。あるとき、祭礼用の鬼の面を作り、それを被って祭礼に参加するが、それが終わって、さて鬼の面をとろうとすると、肉にぴったり吸いついてしまって離れなくなってしまっていた。このために、童子は山を追われ、各地の山々を転々とした挙句、大江山に住みつくことになるのである。

(30) 松本実『村のあれこれ』、物部村教育委員会、一九七一年。
(31) 柴田實編『御霊信仰』(『民衆宗教史叢書』第五巻)、雄山閣、一九八四年、の諸論文を参照。
(32) 渡辺綱也・西尾光一校注『日本古典文学大系27　宇治拾遺物語』、岩波書店、一九六〇年。
(33) 柳田国男「妖怪談義」〈前掲(1)〉。
(34) 池田弥三郎『日本の幽霊』、中公文庫、一九七四年。
(35) この話はいわゆる「化け物屋敷」の話の一つで、本書第一部の「妖怪と都市のコスモロジー」を参照。
(36) 『今昔物語五』〈前掲(10)〉。
(37) 同右。
(38) 諏訪春雄『日本の幽霊』、岩波新書、一九八八年。
(39) 日本の呪詛史の概略については、小松和彦『日本の呪い』、光文社、一九八八年、を参照のこと。
(40) 『古事記』〈前掲(9)〉。
(41) 小松和彦『憑霊信仰論』〈前掲(2)〉。
(42) 石塚尊俊『日本の憑きもの』、未来社、一九五九年。
(43) 『土陽淵岳志』、高知県立図書館、一九七〇年。
(44) 『日本書紀』、坂本太郎・家永三郎・井上光貞・大野晋校注『日本古典文学大系68　日本書紀下』、岩波書店、一九六五年。
(45) 下出積與『日本古代の神祇と道教』、吉川弘文館、一九七二年。
(46) 国文学者の藤本勝義は、『源氏物語の〈物の怪〉――文学と記録の狭間――』、笠間書院、一九九四年で、とても重要な指摘をしている。すなわち、平安朝の「物の怪」の記録によれば、「物の怪」の正体はすべて「死霊」と判断されているという。したがって、「生霊憑き」は当時の文学のなかで創り出されたものであった。つまり、実生活における「物の怪」調伏とフィクションにおける「物の怪」調伏の違いに気を配る必要がある。

(47)　吉田禎吾『日本の憑きもの』、中公新書、一九七二年。
(48)　小松和彦『憑霊信仰論』〈前掲（2）〉。
(49)　柳田国男「妖怪談義」〈前掲（1）〉。
(50)　『梅翁随筆』（『日本随筆大成』第二期11）、吉川弘文館、一九七四年。
(51)　佐伯元吉編『雪窓夜話抄』（『因伯叢書』第三冊）、名著出版、一九七二年。
(52)　『増補語林倭訓栞上』、近藤出版部、一八九八年。
(53)　速水保孝『出雲の迷信』、学生社、一九七六年。
(54)　陰陽道については、村山修一『日本陰陽道史総説』、塙書房、一九八一年、などを参照のこと。
(55)　『新猿楽記』、山岸徳平・竹内理三・家永三郎・大曾根章介校注『日本思想大系8　古代政治社会思想』、岩波書店、一九七九年。
(56)　『宇治拾遺物語』〈前掲（32）〉。
(57)　『源平盛衰記上』、有朋堂文庫、一九一七年。
(58)　「護法童子」については、和多昭夫「護法童子」『密教文化』第一〇四号、高野山大学密教研究会、一九七三年、が参考になる。
(59)　『枕草子』、池田亀鑑・岸上慎二・秋山虔校注『日本古典文学大系19　枕草子　紫式部日記』、岩波書店、一九五八年。
(60)　『宇治拾遺物語』〈前掲（32）〉。

(61) この点についての詳しい記述は、阿部泰郎「空鉢譚の世界」『どるめん』第一八号、JICC出版局、一九七八年、を参照のこと。
(62) 石塚尊俊『日本の憑きもの』〈前掲(42)〉。
(63) 永積安明、島田勇雄校注『日本古典文学大系84 古今著聞集』、岩波書店、一九六六年。
(64) 中山太郎『日本巫女史』、八木書店、一九六九年。「荼吉尼天」については、近年、王法と仏教の関係を中心に研究が大幅に発展した。たとえば、田中貴子『外法と愛法の中世』、砂子屋書房、一九九三年、などを参照のこと。
(65) 『類聚名物考』、近藤活版所、一九〇四年。
(66) 『嬉遊笑覧下』、名著刊行会、一九七〇年。
(67) 山口昌男『文化と両義性』、岩波書店、一九七五年。

解説——小松和彦の世界

高田　衛

山口昌男や谷川健一のような長老（お二人とも私の知り合いである）が亡くなられた今日、民俗学者にして文化人類学者である小松和彦は、いまや名実ともに日本を代表するこの道の、他に類をみない大家のひとりになったなあと、私は時折感慨にふけるのである。

個人的な感慨かもしれないが、偶然私は彼が東京都立大学の院生の頃から、自己の学問を次々に展開してゆく姿をこの目で見ているのである。

念のために言うが、私は国文学者であり、その頃は東京都立大学、同大学院で、古典・伝承・文芸理念史を講じていた。国文学とは言いながら、私は上田秋成研究を入口として日本文学の怪異・幻想・異端の文芸史の立ち上げを期していた。前田愛や松田修、笠原伸夫らのごとき同志もいたが、そういう私の目の前に聳立していたのが、国文学の先学の業績のみならず、柳田国男であり折口信夫という文化遺産であったのである。柳田は「吾々の不思議の園は荒れました。一筋の道は雑草に蔽はれて、もはやプロムナードに適しなくなりました。鏡花先生の殊に愛せられる青い花のありかが、いよいよ不明にならうとしてゐるのであります。これはまことに大いなる人生の疲れでなければなりませぬ」（『一目小僧その他』）とまで言っている。あきらかに近代国文学の在り方への批判であり、近代批判であった。

折口信夫は、彼自身国文学の徒であったこともあり、彼の〈古代研究〉に感動しながらも、主要な足跡として、一に貴種流離譚、二にまれびと論だと、あえて短絡化して、それとは異なる自分の道を相対化できた。しかし柳田学は別であった。

自分のことから書きはじめて恐縮であるが、これを書かないと小松和彦の、出現の位相が書けないのであえて書くのである。

折口は別として、柳田学、この説話、伝承、地誌、方志、物語、芸能、偽書、新採取民話、類書、史譚の類の厖大な資料を駆使した博学ぶり、そして民衆の多彩な精神史の所在を、眩惑的に指示してゆくロマンチックな学問は、私たち国文学者の知の基準をはるかに超えていて、当時の私はひたすら学ぶしかなかった。いま思えばそれが七〇年代の第二次柳田ブームであったのである。

その七〇年代に小松和彦という、まだ院生レベルの青年（その発表する論文は既に多くのジャーナリズムの注視する所となっていた）が、新たなる学的端緒の出現として、私の目に映じたのは、そのような眩惑的な柳田学、そして折口学を、画然として相対化する、新たなる視点がいきなり提供されたからであった。

彼は、カミと人との憑依する、あるいは憑依しあう相互関係――という、日本文化論の新しい切り口（切断面）を「護法（童子）」論で提示した。聞くところによると、これは筑土鈴寛や宮家準も試行をかさねた道だということだが、この碩学たちは宗教学の方向へ導いてしまい、これに対して、小松和彦は日本文化論の契機としたところが違っている。日本文化の多神教的湿潤さを知る国文学者として、私は小松の提示した〈憑依〉という問題提起に、鮮烈なる説得力を感知したのだった。

たとえば柳田によれば、妖怪とはカミの零落し低級化した姿であるという。これは当時ひろく行きわたって、常識にまでなった、いわば定理であった。しかし、小松はそれに対する不審をはっきり公言する。では出発点は神だけなのか。妖怪が逆に怖れられ祀られて神になることは説明できるのか、と――。

当時の私には、これは目の醒めるような発言であった。なにしろ折口学の使徒である先学池田弥三郎が、妖怪は「場所」に憑く怪であり、幽霊は「人」に憑く怪である

——などという説を立てており、私などは柳田国男に始まるそういう学説への、違和感に苦しんでいた時代であった（いうまでもなく『雨月物語』に代表されるような近世小説の世界では、こういう説は成り立たない。上田秋成の絶唱「浅茅が宿」において、宮木の霊は葛飾の真間の廃屋にのみ出現する妖怪だが、また帰って来た夫の勝四郎の前にのみ姿をあらわし、恨みを嘆きつつ一夜をともにする霊でもある。池田説では、宮木は妖怪にして幽霊を兼ねるという、珍妙なものになる）。

居酒屋などで彼とサシで話していると、彼は縦横無尽に独特な柳田国男論、折口信夫論を（もちろん批判的に）語りつづけ、私は刺激されつづけた。その頃の彼は柴田錬三郎小説の眠狂四郎を見るような感じであった。クールで非情で剣（ここでは弁論）に冴えていた。円月殺法なみに折口も柳田も池田も、バラリズバッと斬っていった。ついでに私も斬りすてるのである。痛快で面白かった。

すでにミクロネシアのフィールドワークを始めていて、その採集民話〈ヴァギナ・デンタータ〉（有歯女陰）譚と、日本民話〈三人兄弟・化物退治〉譚との照合などは、大変シャープで小松和彦の面目躍如としていた。

私は近世怪談の中にある、ドンピシャの〈ヴァギナ・デンタータ〉譚——庄屋の美人娘と三番目の婿の話——を話して、いずれその出典を知らせると約束をしたのだが、思い出してみるとまだその約束をはたしていない（その話とは違うが、『南総里見八犬伝』の中の超凶暴な悪女「船虫」は、自己の悪業の結果落ちぶれて辻君になる。しかし彼女は身を売るのではなく、男の舌を嚙み切って殺すのである。こういう変型もあった。少し話がずれたようだ。話をもとへ戻す）。

一九八二年九月、小松和彦は『憑霊信仰論』（伝統と現代社）を発表した。現代に生きる《呪詛《すそ》》——高知県物部村に残る「いざなぎ流」呪術の紹介を含む本書は、七〇年代の大学紛争とその後遺症に疲れきった当時の知識人社会に衝撃を与えた。〝憑依〟とか〝憑く〟というと、なにかおどろおどろしい事態のごとく、それまでは考えられていた。しかし、それは私たちの日常にもつながっている文化の一部だったのである。

小松の説明は実に明快であった。

ある日、何か不思議にいい事が続くことがある。駅へ着いた時、同時に自分が乗る電車が来ていてスムーズに席がとれる。その先も乗り換えがことごとく待ち時間なしでとんとん拍子に繫がってゆく。いつも九十分かかるところが六十分で目的地に到着する。するてエといつもは喰えない一日十食かぎりの、特別弁当の十枚目の予約券が手に入る。「今日はついてるな」と呟いたりする。「つく」というのは、そういうことであって、もちろんその反対に何をやってもうまく行かない日もあって、そういう時には、「えい、ついてない日だわい」とぼやくわけである。

「憑く」ということ、何かに憑かれたように仕事一図に打ち込んでいる——などということも含めて、こんなにあざやかにわかりやすく説明した学者は、私の知るかぎり小松をもって始祖とする。「憑く」とは、そういう日常から始まって、では「ナニ」が憑くのか、などと疑問を追いかけてゆくと、非日常の世界、「憑霊」「呪詛」「調伏」などの世界が開かれてくるわけであった。

この『憑霊信仰論』が、社会科学、人文科学の関係者にもたらした刺激は小さくはなかったが、この本のサブタイトルは、「妖怪研究への試み」なのである。

つづいて小松は、一九八五年七月に『異人論』（青土社）を刊行した。「異人殺しのフォークロア」という超弩級の劇薬的論文を中心にしたこの一冊も、読書界に投げかけた波紋は大きかった。山口昌男が『文化と両義性』（岩波書店）を発表し、網野善彦が『無縁・公界・楽』（平凡社）を発表した時期に引きつづいての出版である。

この書物で、石塚尊俊以来の「日本の憑物」をめぐる研究レベルは、飛躍的に高次化した。私にとって印象的なのは、柳田学の学術語《ターム》としての「常民」の概念がいっぺんに歴史化してしまったことであった。「常民」とは、それまでは「フォークロアを持つ人々」の意であったが、この本の出現以降は、「〈異人〉を作る人々」の意になってしまった。国文学の方でも、広末保は「常民」という語の曖昧さを嫌って、「定住民」という語を用いた（彼の場合、対立語は「遊行民」である）。網野善彦は、歴史学において、中世の農・商・兵・猟の混在を説いた。

『異人論』は、サブタイトルを「民俗社会の心性」とする。しかし総括に相当するレクチュアは「妖怪と異人——新しい妖怪論のために」というタイトルなのである。かたや「妖怪研究への試み」、こなた「妖怪と異人——新しい妖怪論のために」。ここでの妖怪とは民俗社会にとって〈他者〉的な存在への〈見なし〉なのである。小松妖怪学への道筋である。ここに柳田民俗学や折口民俗学を相対化する、小松和彦の文化人類学的な大枠が成立したのであった。それは日本文化の見えない心意性＝深層の文化である。

以上が、本書の解説の前置きである。

普通「妖怪学」などと言うと、趣味的、興味本位的、頽廃的な世界を想定されかねないが、それは違う。小松和彦の学問の世界が、いま私が見てきたように、従来の民俗趣味的日本学を超えて、日本人の心性の深層にひそむ独自な文化空間を対象としたところに成立する学問なのである。

『憑霊信仰論』や『異人論』で、追究され学的対象として浮かびあがった「妖怪」という、きわめて人間論的な「文化空間」。本書が『妖怪学新考』と称するのは、それまでの小松和彦の突き止めてきた「妖怪空間」を再整理し、次の主題を呼びこんでゆくという意味であった――と私は考える。いわば著者自身の「妖怪学宣言」であり、「妖怪学講義」なのである。

本書では、ひとつひとつ学術語《ターム》を定義しつつ、小松学を構成する多様な民俗分析が展開されている。たとえば柳田国男の『遠野物語』で著名な遠野盆地が、日本のランドスケープ、その閉鎖性と開放性をあわせ持つ小盆地宇宙（遠野モデル＝遠野コスモロジー）として取り上げられているが、そこに語られる山（山姥など）淵（河童など）座敷＝家（ザシキワラシなど）の恐怖は、盆地底部のものであり、それらは馬の文化や鉱山の文化などとの、複合の中の、リアルな生活の中にあるものであって、遠野コスモロジーは、ただ単に里の民のみならず、山の民や川の民や、市場につどう商人や宗教民らの、集合や葛藤、分化や対立などによって形成され、さまざまな妖怪譚の母胎になっていることが、これまでの学説紹介や批判を媒介にして示されている。平安京の恐怖のケース、江戸における怪奇のケースについての小松の見解も示されている。本書を読むことで、初心者でも日本の民俗学の歴史とその全容がおおざっぱにだが把握できるし、さらに小松和彦自身による、人類学的な民俗研究の今後の方向性も示唆されている、と私には思われる。

二〇一五年五月一五日

（東京都立大学名誉教授）

本書の原本は、二〇〇七年七月、洋泉社より刊行されました。

小松和彦（こまつ　かずひこ）

1947年東京都生まれ。東京都立大学大学院社会科学研究科博士課程修了。専攻は文化人類学・民俗学。信州大学助教授，大阪大学教授を経て，現在，国際日本文化研究センター所長。著書に『憑霊信仰論』『異人論』『悪霊論』『日本の呪い』『神なき時代の民俗学』『日本妖怪異聞録』『異界と日本人』『妖怪文化入門』などがある。

講談社学術文庫

定価はカバーに表示してあります。

妖怪学新考《ようかいがくしんこう》

妖怪《ようかい》からみる日本人《にほんじん》の心《こころ》

小松和彦《こまつかずひこ》

2015年7月10日　第1刷発行
2016年9月1日　第2刷発行

発行者　鈴木　哲
発行所　株式会社講談社
　　　　東京都文京区音羽 2-12-21 〒112-8001
　　　　電話　編集（03）5395-3512
　　　　　　　販売（03）5395-4415
　　　　　　　業務（03）5395-3615
装　幀　蟹江征治
印　刷　株式会社廣済堂
製　本　株式会社国宝社
本文データ制作　講談社デジタル製作

ISBN978-4-06-292307-1

「講談社学術文庫」の刊行に当たって

これは、学術をポケットに入れることをモットーとして生まれた文庫である。学術は少年の心を養い、成年の心を満たす。その学術がポケットにはいる形で、万人のものになることは、生涯教育をうたう現代の理想である。

こうした考え方は、学術を巨大な城のように見る世間の常識に反するかもしれない。また、一部の人たちからは、学術の権威をおとすものと非難されるかもしれない。しかし、それはいずれも学術の新しい在り方を解しないものといわざるをえない。

学術は、まず魔術への挑戦から始まった。やがて、いわゆる常識をつぎつぎに改めていった。学術の権威は、幾百年、幾千年にわたる、苦しい戦いの成果である。こうしてきずきあげられた城が、一見して近づきがたいものにうつるのは、そのためである。しかし、学術の権威を、その形の上だけで判断してはならない。その生成のあとをかえりみれば、その根は常に人々の生活の中にあった。学術が大きな力たりうるのはそのためであって、生活をはなれた学術は、どこにもない。

開かれた社会といわれる現代にとって、これはまったく自明である。生活と学術との間に、もし距離があるとすれば、何をおいてもこれを埋めねばならない。もしこの距離が形の上の迷信からきているとすれば、その迷信をうち破らねばならぬ。

学術文庫は、内外の迷信を打破し、学術のために新しい天地をひらく意図をもって生まれた。文庫という小さい形と、学術という壮大な城とが、完全に両立するためには、なおいくらかの時を必要とするであろう。しかし、学術をポケットにした社会が、人間の生活にとってより豊かな社会であることは、たしかである。そうした社会の実現のために、文庫の世界に新しいジャンルを加えることができれば幸いである。

一九七六年六月　　　　野間省一